なんでもたのしめる！　みんなでたのしめる！　ペーパーゲーム

漢字ペーパーチャレラン

厳選・保存版

監修／伊藤亮介

こどもくらぶ 編

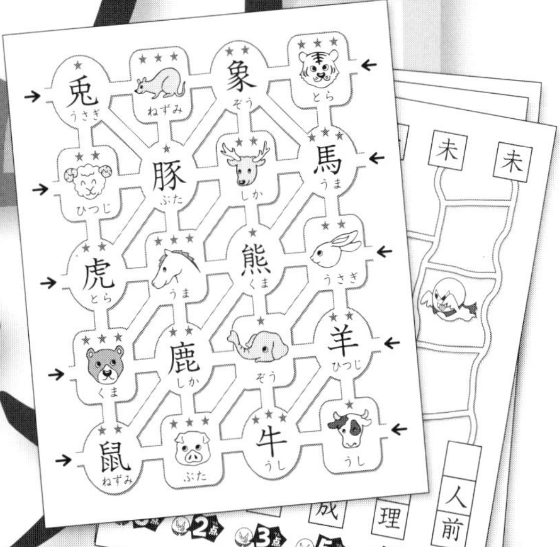

今人舎

はじめに

「ペーパーチャレラン」の「チャレラン」とは、「チャレンジランキング（Challenge Ranking）」のことです。これはもともと日本《にほん》でいちばん多《おお》くの先生方《せんせいがた》が加盟《かめい》している教員団体《きょういんだんたい》であるTOSS《トス》（教育《きょういく》技術《ぎじゅつ》法則《ほうそく》化《か》運動《うんどう》）の代表向山洋一先生《だいひょうむこうやまよういちせんせい》が考案《こうあん》した活動《かつどう》で、子《こ》どもたちがなにかにチャレンジした結果《けっか》を記録《きろく》し、そのランキングを競《きそ》うというものです。身近《みぢか》にあるものを利用《りよう》したかんたんなあそびに記録《きろく》で挑戦《ちょうせん》するのが特徴《とくちょう》。チャレンジするゲームは、「チャレラン種目《しゅもく》」とよばれています。そのペーパーゲーム版《ばん》がTOSS《トス》所属《しょぞく》の伊藤亮介先生《いとうりょうすけせんせい》が考案《こうあん》した学習《がくしゅう》ゲーム「ペーパーチャレラン」です。

★

ペーパーチャレランは、「拡散的思考《かくさんてきしこう》を育《そだ》てる学習《がくしゅう》ゲーム」で、答《こた》えは非常《ひじょう》にたくさんあります。ゲームによっては、何百《なんびゃく》、何千《なんぜん》にもなるものもあります。このような、答《こた》えが１つでないゲームをやることで、子《こ》どもたちは、次《つぎ》のように変化《へんか》するといわれています。

①やっているうちにやる気《き》が高《たか》まる。
②しだいに熱中《ねっちゅう》してくる。
③なんどでもちょうせんしたくなる。
④負《ま》けても、次《つぎ》に勝《か》とうという気持《きも》ちになる。　（TOSS《トス》ホームページより）

★

ペーパーチャレランの本《ほん》はたくさん発行《はっこう》されていますが、この本《ほん》は、こどもくらぶ編集部《へんしゅうぶ》が、2004年《ねん》に発売《はつばい》され、ロングセラーとなっている『漢字《かんじ》ペーパーチャレラン』を改編《かいへん》し、新《あたら》しいものをくわえて、あらたに制作《せいさく》したものです。ぜひ、コピーしてなんかいもチャレンジしてみてください。

こどもくらぶ

この本《ほん》のつかいかた

このページのチャレランがどういう内容《ないよう》かをまとめてあります。

チャレランは、初級編《しょきゅうへん》、中級編《ちゅうきゅうへん》、上級編《じょうきゅうへん》にわかれています。

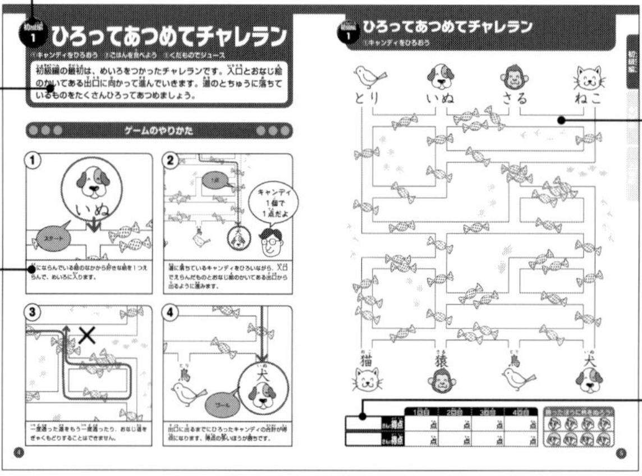

なんかいもチャレンジできるようにコピーをとってつかいましょう。

ここは得点《とくてん》をかく欄《らん》です。1人《ひとり》でなんかいかいでもチャレンジして、その結果《けっか》をかきこんでください。2人《ふたり》で対戦《たいせん》した場《ば》合《あい》には、4回目《かいめ》の分《ぶん》までかきこめるようにしてあります。

ゲームのやりかたの説明《せつめい》です。1から4のじゅんに読《よ》んでいってください。

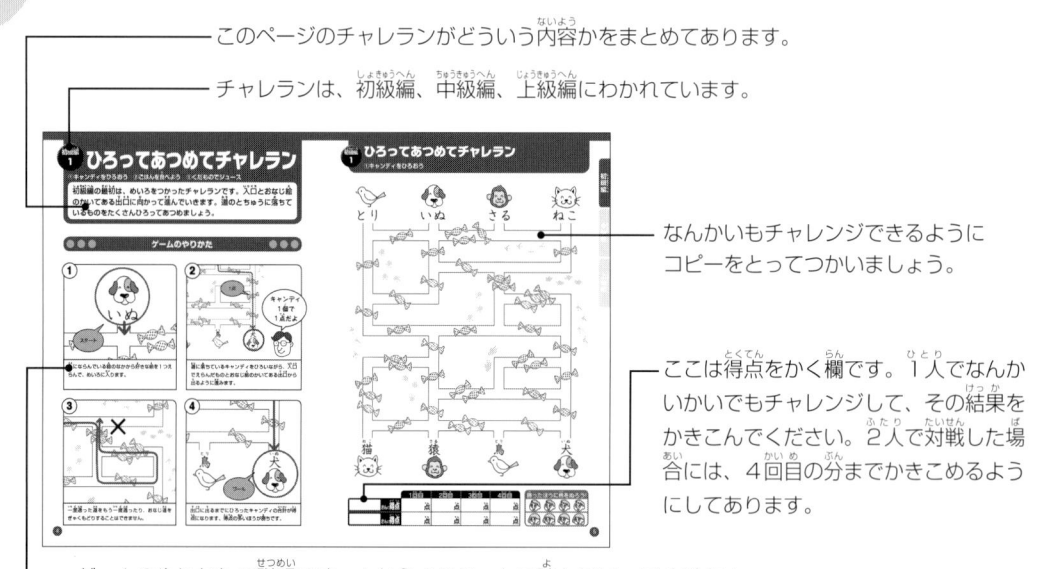

もくじ

初級編《しょきゅうへん》 1

ひろってあつめてチャレラン

①キャンディをひろおう　②ごはんを食《た》べよう　③くだものでジュース

初級編《しょきゅうへん》の最初《さいしょ》は、めいろをつかったチャレランです。入口《いりぐち》とおなじ絵《え》のかいてある出口《でぐち》に向《む》かって進《すす》んでいきます。道《みち》のとちゅうに落《お》ちているものをたくさんひろってあつめましょう。

ゲームのやりかた

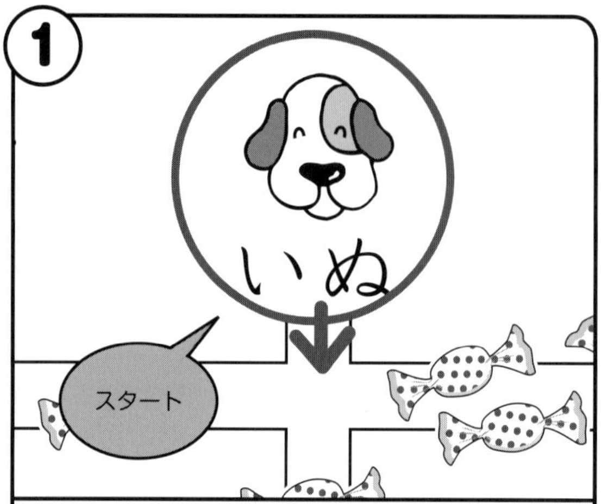

上《うえ》にならんでいる絵《え》のなかから好《す》きな絵《え》を１つえらんで、めいろに入《はい》ります。

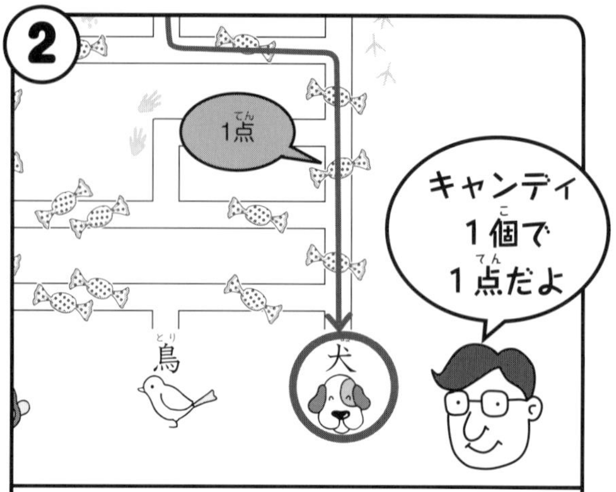

道《みち》に落《お》ちているキャンディをひろいながら、入口《いりぐち》でえらんだものとおなじ絵《え》のかいてある出口《でぐち》から出《で》るように進《すす》みます。

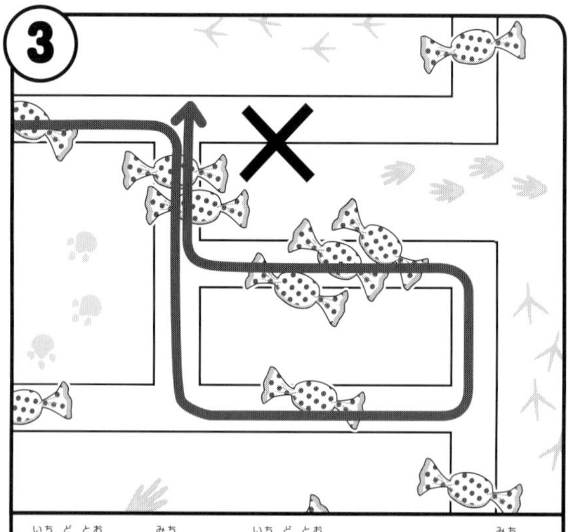

一度《いちど》通《とお》った道《みち》をもう一度《いちど》通《とお》ったり、おなじ道《みち》をぎゃくもどりすることはできません。

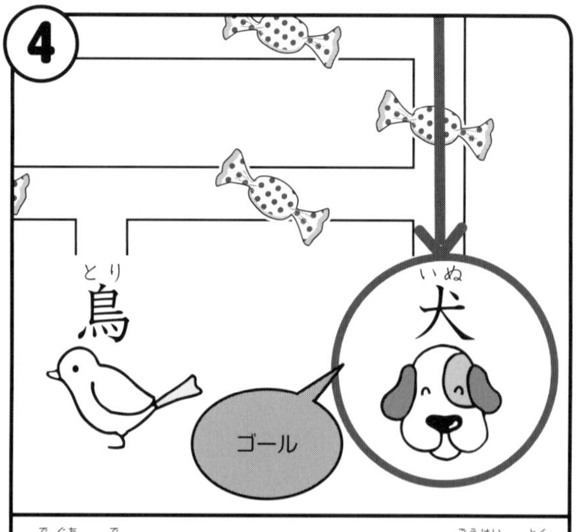

出口《でぐち》に出《で》るまでにひろったキャンディの合計《ごうけい》が得《とく》点《てん》になります。得点《とくてん》の多《おお》いほうが勝《か》ちです。

ひろってあつめてチャレラン

①キャンディをひろおう

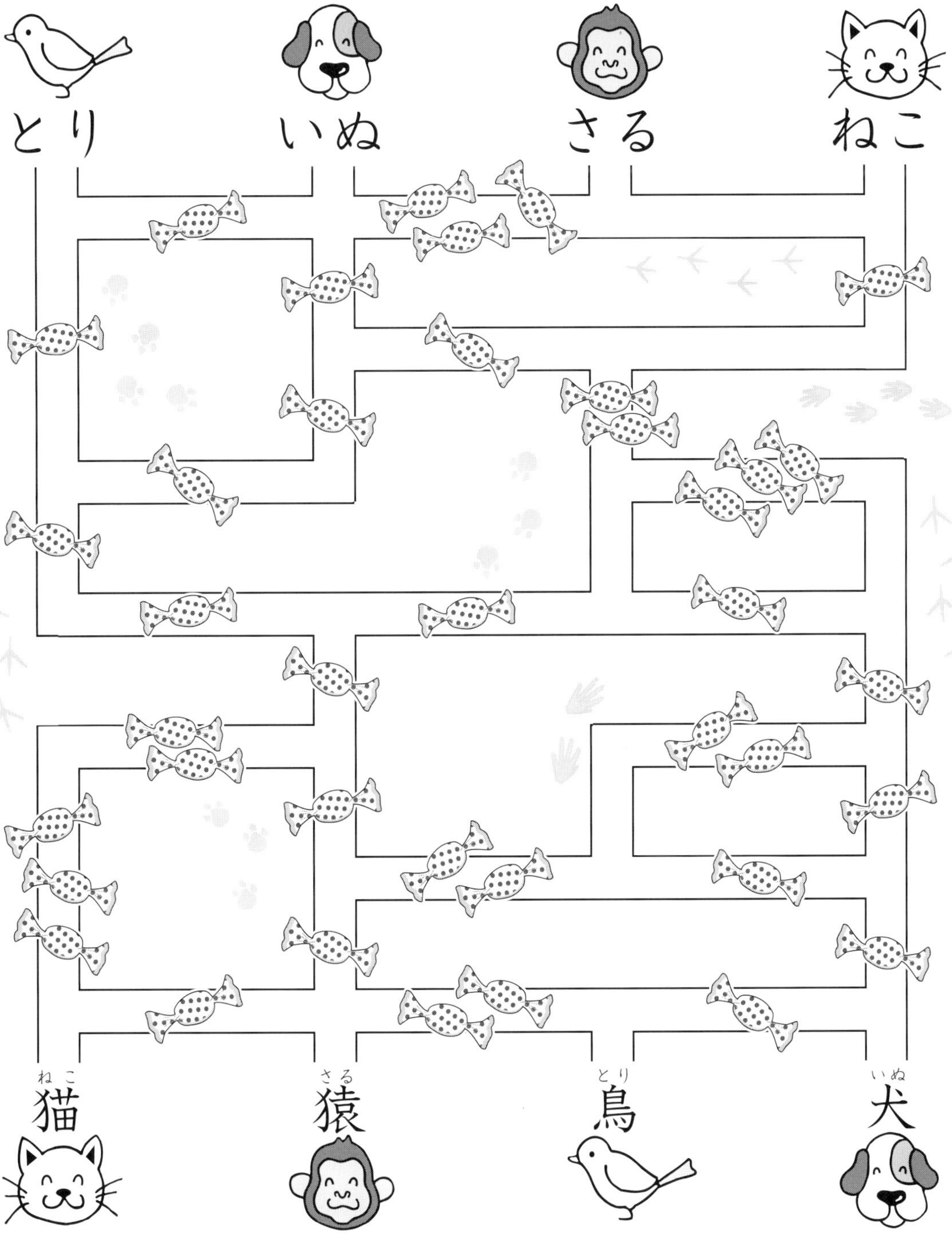

	1回目《かいめ》	2回目《かいめ》	3回目《かいめ》	4回目《かいめ》
さんの得点《とくてん》	点《てん》	点《てん》	点《てん》	点《てん》
さんの得点《とくてん》	点《てん》	点《てん》	点《てん》	点《てん》

勝《か》ったほうに色《いろ》をぬろう!

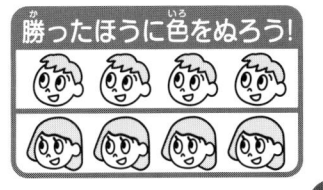

ひろってあつめてチャレラン

②ごはんを食《た》べよう

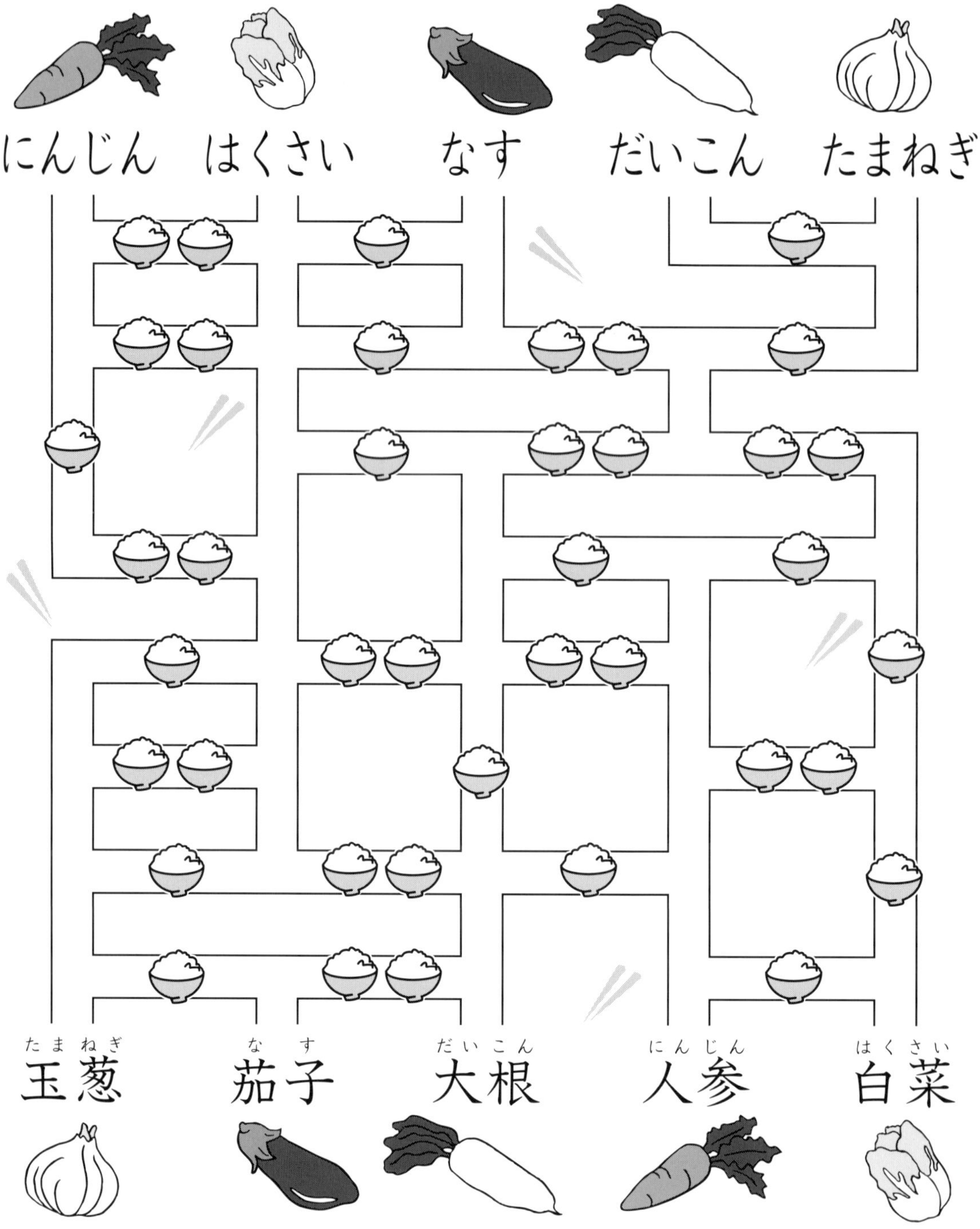

	1回目《かいめ》	2回目《かいめ》	3回目《かいめ》	4回目《かいめ》
さんの得点《とくてん》	点《てん》	点《てん》	点《てん》	点《てん》
さんの得点《とくてん》	点《てん》	点《てん》	点《てん》	点《てん》

勝《か》ったほうに色《いろ》をぬろう!

ひろってあつめてチャレラン

③くだものでジュース

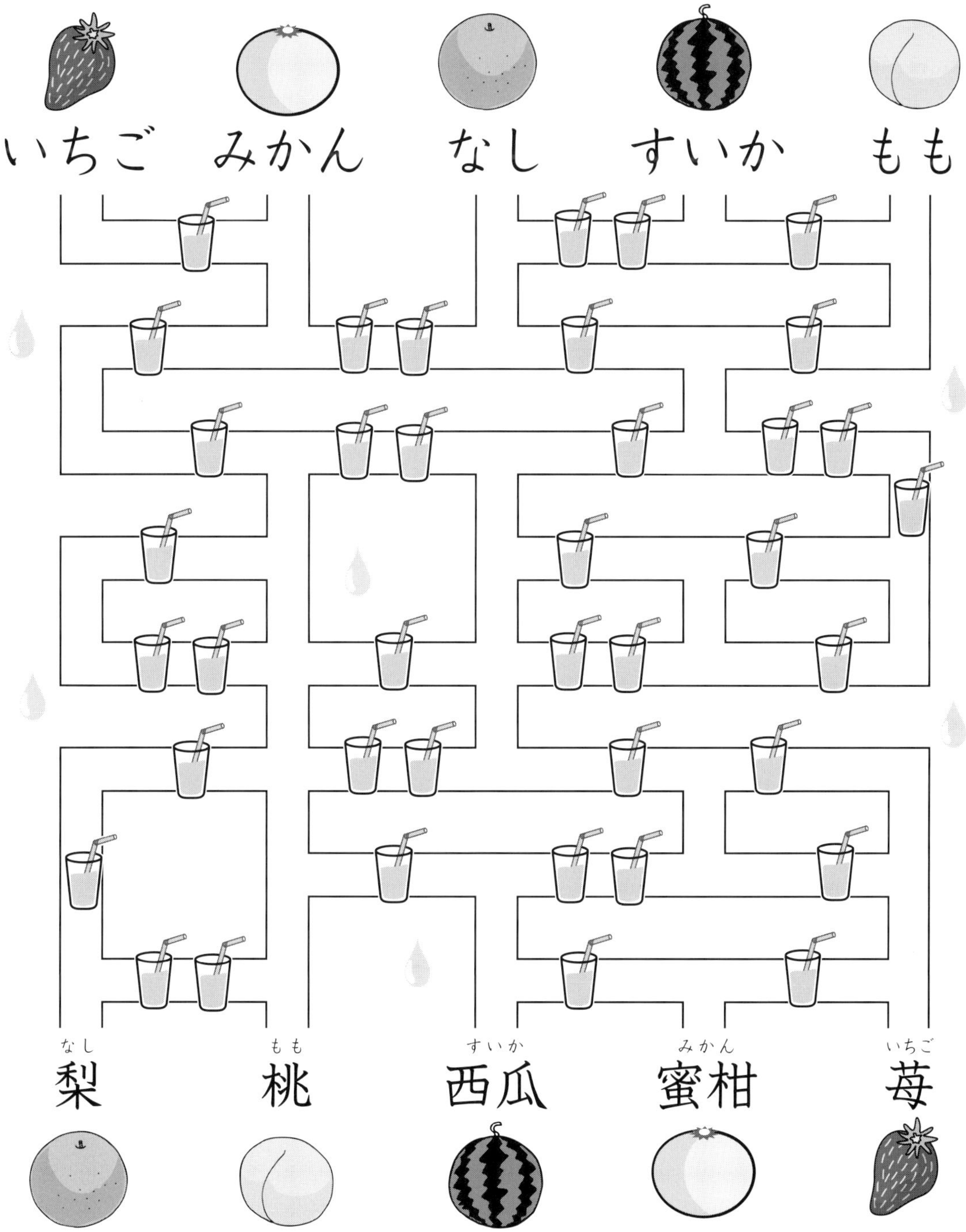

	1回目《かいめ》	2回目《かいめ》	3回目《かいめ》	4回目《かいめ》
さんの得点《とくてん》	点《てん》	点《てん》	点《てん》	点《てん》
さんの得点《とくてん》	点《てん》	点《てん》	点《てん》	点《てん》

勝《か》ったほうに色《いろ》をぬろう!

初級編《しょきゅうへん》 2 めいろでゲット! チャレラン

①動物《どうぶつ》めいろ　②森《もり》のなかめいろ　③海中《かいちゅう》めいろ

漢字《かんじ》をえらんで、めいろを進《すす》んでいきましょう。漢字《かんじ》を通《とお》れば得点《とくてん》をゲット！　ひろった漢字《かんじ》によって、得点《とくてん》がかわります。

ゲームのやりかた

1

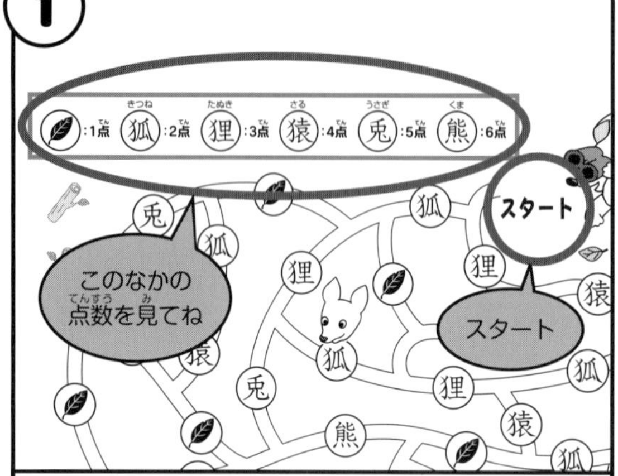

スタートからめいろに入《はい》り、絵《え》や漢字《かんじ》を通《とお》って得《とく》点《てん》をゲットしながら進《すす》んでいきます。

2

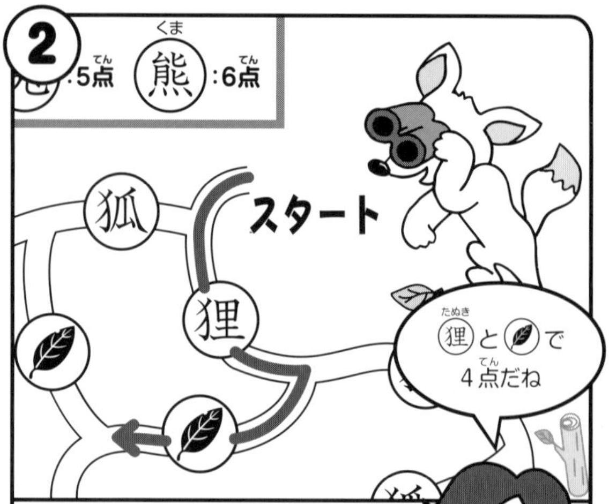

通《とお》った絵《え》や漢字《かんじ》の点数《てんすう》を足《た》していきます。得点《とくてん》が多《おお》くなるように、道《みち》をえらびましょう。

3

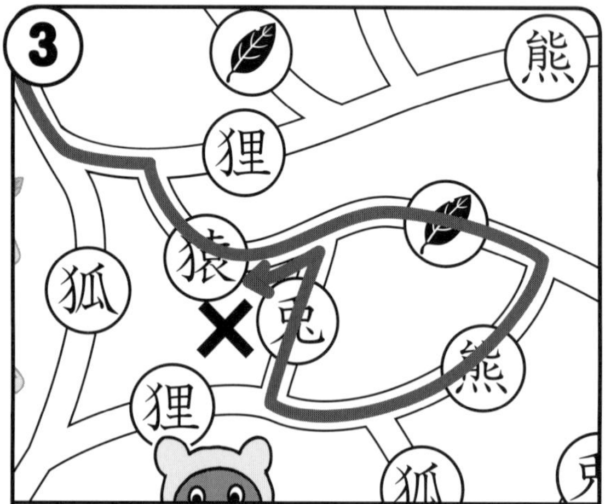

一度《いちど》通《とお》った道《みち》をもどったり、おなじ道《みち》をもう一度《いちど》通《とお》ることはできません。

4

スタートからゴールまでに通《とお》った絵《え》や漢字《かんじ》の点数《てんすう》を合計《ごうけい》したものが得点《とくてん》になります。得点《とくてん》の多《おお》いほうが勝《か》ちです。

めいろでゲット！ チャレラン

①動物《どうぶつ》めいろ

:1点《てん》 狐《きつね》:2点《てん》 狸《たぬき》:3点《てん》 猿《さる》:4点《てん》 兎《うさぎ》:5点《てん》 熊《くま》:6点《てん》

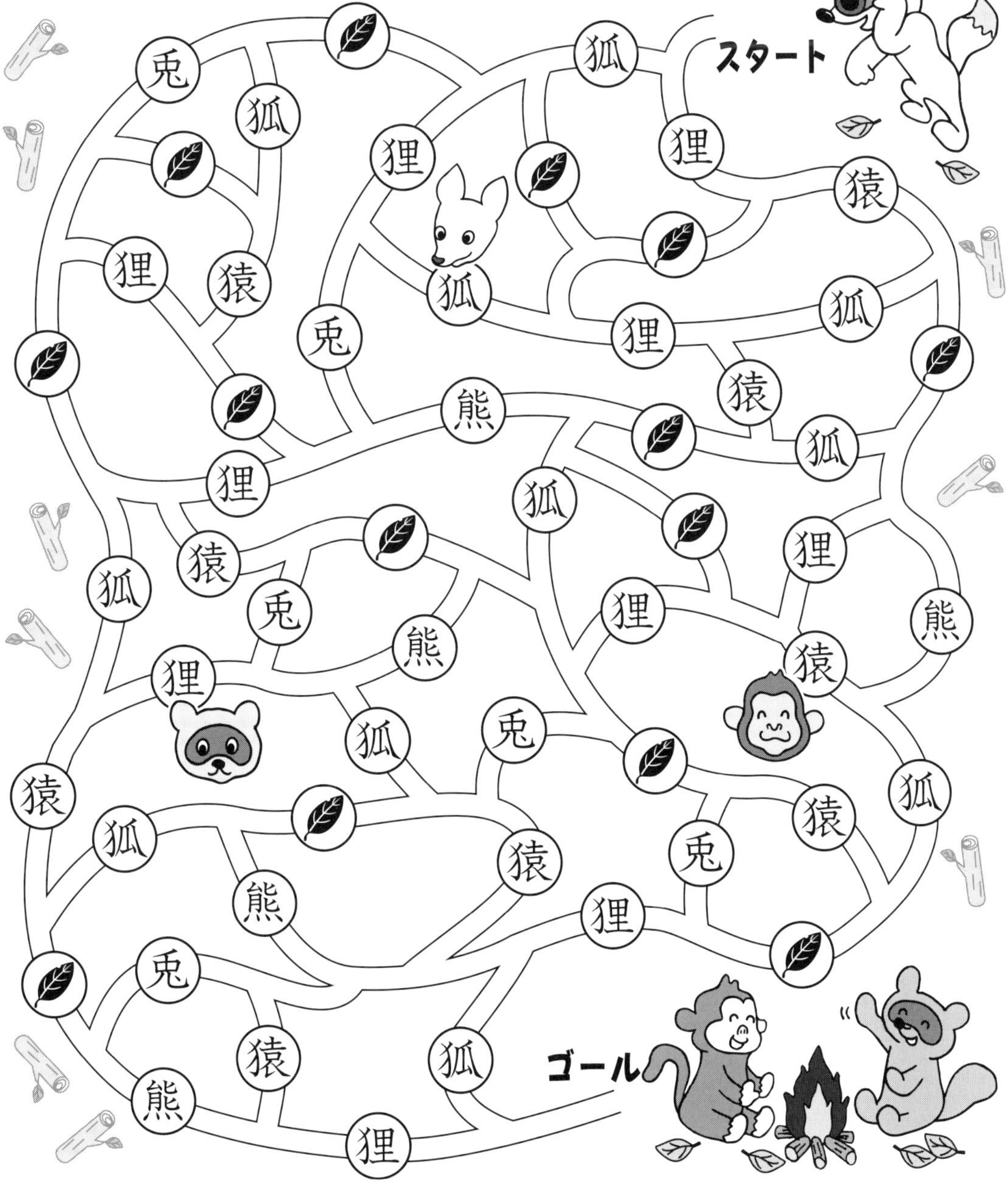

	1回目《かいめ》	2回目《かいめ》	3回目《かいめ》	4回目《かいめ》
さんの得点《とくてん》	点《てん》	点《てん》	点《てん》	点《てん》
さんの得点《とくてん》	点《てん》	点《てん》	点《てん》	点《てん》

勝《か》ったほうに色《いろ》をぬろう!

初級編《しょきゅうへん》 2

めいろでゲット！ チャレラン

②森《もり》のなかめいろ

:1点《てん》 桃《もも》:2点《てん》 梅《うめ》:3点《てん》 桜《さくら》:4点《てん》 杉《すぎ》:5点《てん》 松《まつ》:6点《てん》 竹《たけ》:7点《てん》

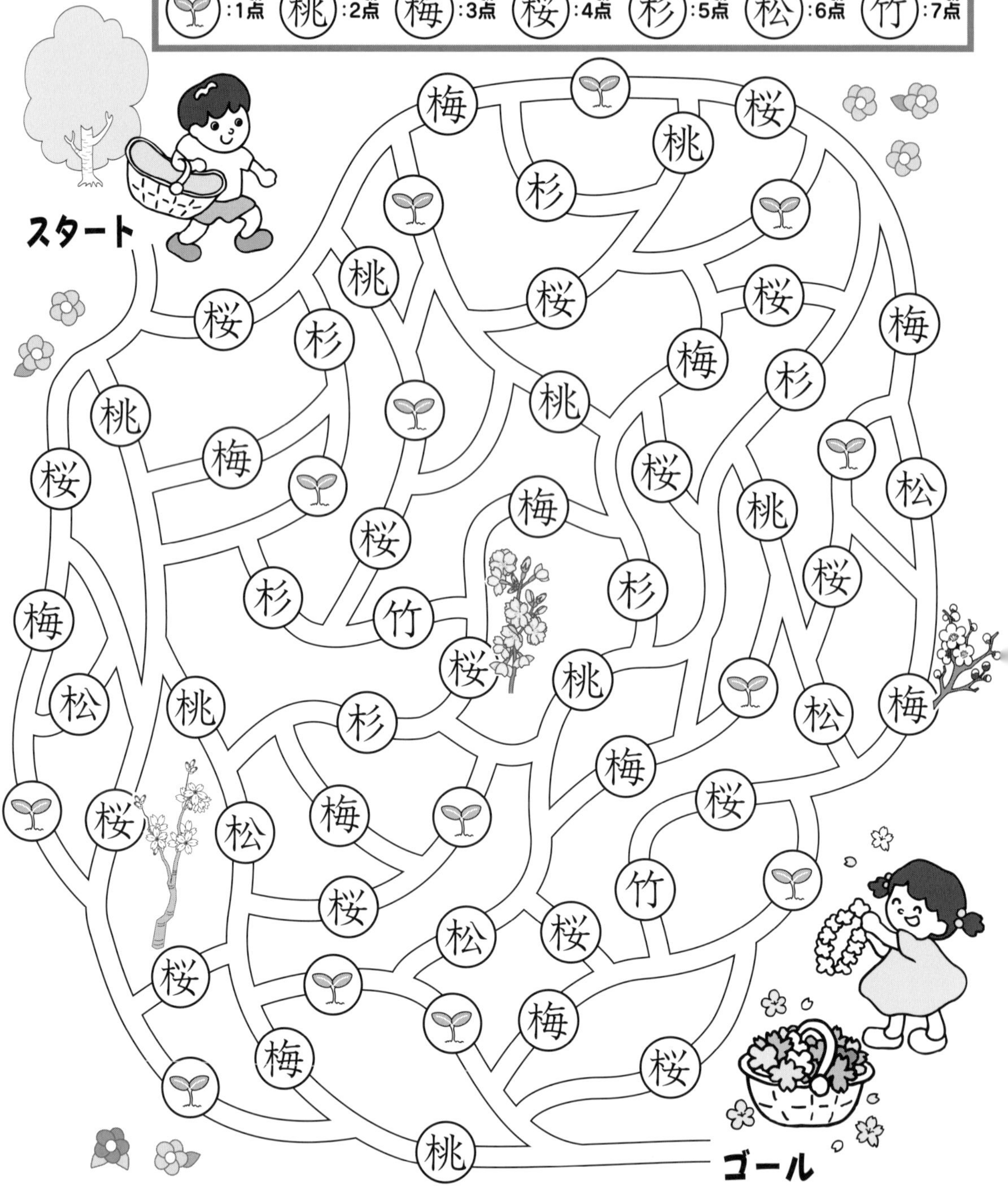

	1回目《かいめ》	2回目《かいめ》	3回目《かいめ》	4回目《かいめ》
さんの得点《とくてん》	点《てん》	点《てん》	点《てん》	点《てん》
さんの得点《とくてん》	点《てん》	点《てん》	点《てん》	点《てん》

勝《か》ったほうに色《いろ》をぬろう！

めいろでゲット！ チャレラン

③海中《かいちゅう》めいろ

:1点《てん》　鮭《さけ》:2点《てん》　鮃《ひらめ》:3点《てん》　鮪《まぐろ》:4点《てん》　鰯《いわし》:5点《てん》　鯖《さば》:6点《てん》　鯛《たい》:7点《てん》

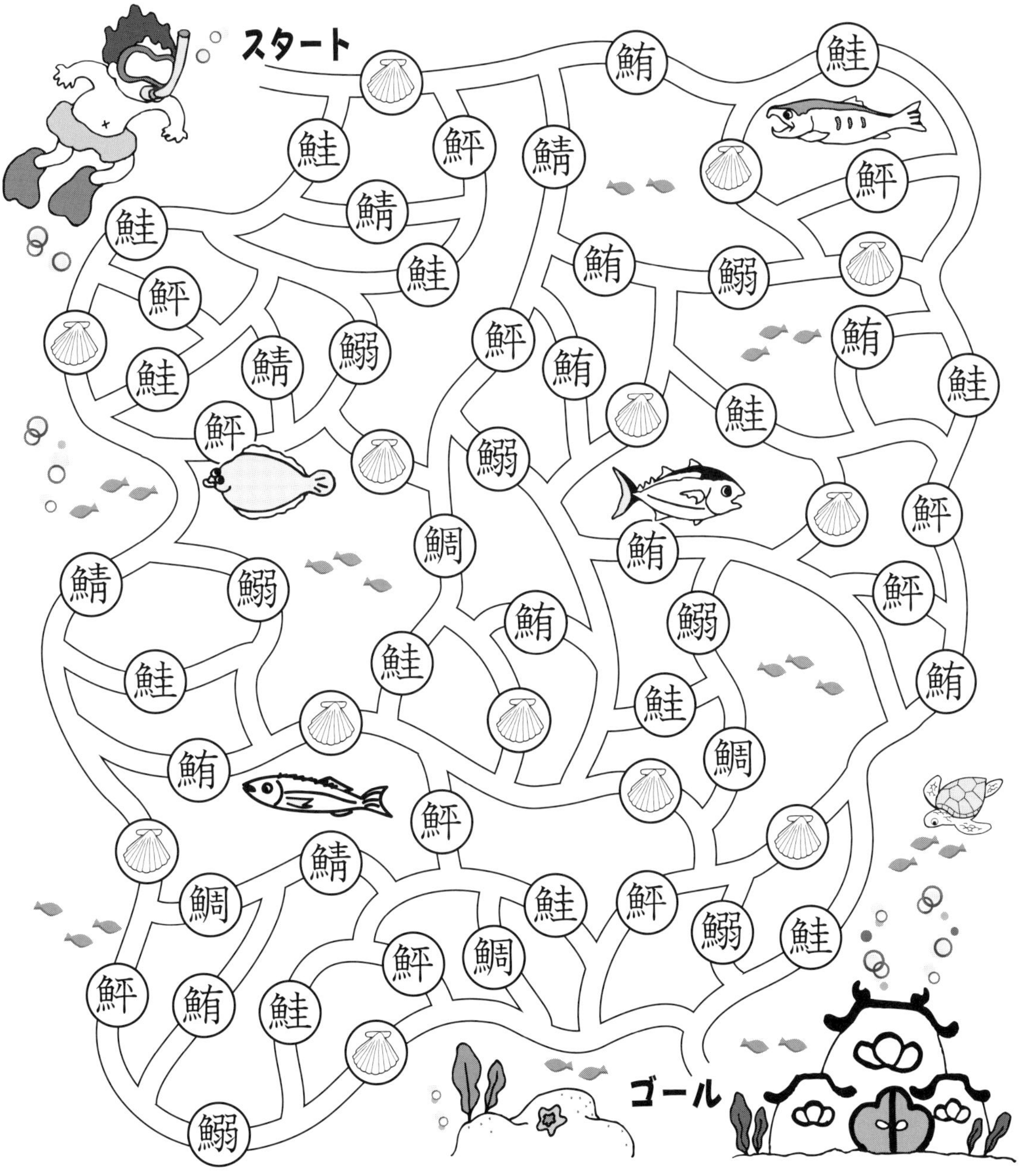

	1回《かい》目《め》	2回《かい》目《め》	3回《かい》目《め》	4回《かい》目《め》
さんの得点《とくてん》	点《てん》	点《てん》	点《てん》	点《てん》
さんの得点《とくてん》	点《てん》	点《てん》	点《てん》	点《てん》

勝《か》ったほうに色《いろ》をぬろう!

初級編《しょきゅうへん》
3.

工事中《こうじちゅう》チャレラン

①動物《どうぶつ》のなかまめいろ ②鳥《とり》のなかまめいろ ③海《うみ》や川《かわ》のなかまめいろ ④野菜《やさい》とくだものめいろ ⑤十二支《じゅうにし》めいろ

1マス進《すす》むたびにどこかが通《とお》れなくなるふしぎなめいろです。気《き》をつけて進《すす》まないと、すぐに行《い》きどまりになってしまうので、ゆっくりやってみましょう。

ゲームのやりかた

1

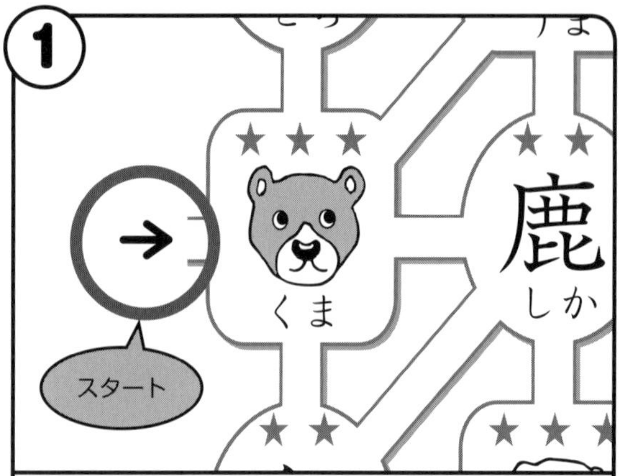

めいろのなかには、絵《え》と漢字《かんじ》の2種類《しゅるい》ずつ、動物《どうぶつ》の名前《なまえ》がならんでいます。めいろの左右《さゆう》にあるやじるしのなかから、好《す》きな入口《いりぐち》をえらび、絵《え》または漢字《かんじ》を進《すす》んでいきます。

2

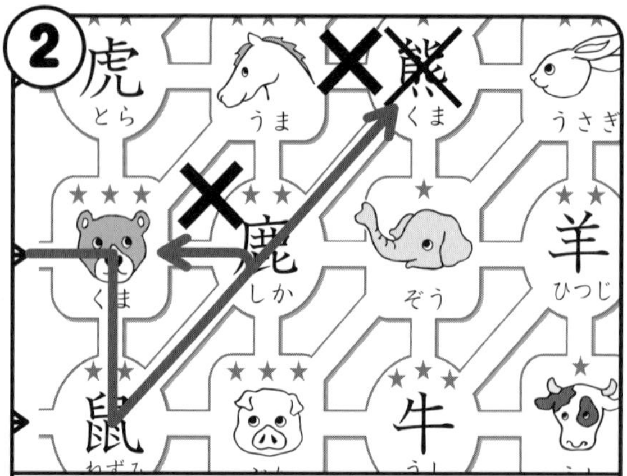

めいろを進《すす》みながら、通《とお》った動物《どうぶつ》とおなじ絵《え》または漢字《かんじ》のところに×をつけます。×をつけたところは、通《とお》れなくなります。また、一度通《いちどとお》ったところも通《とお》れません。

3

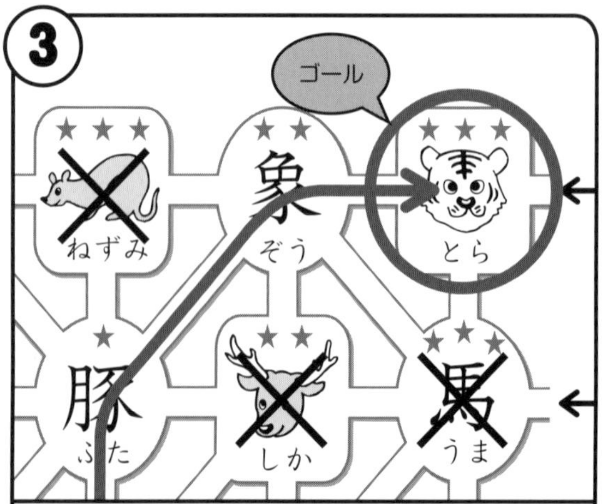

どこにも進《すす》めなくなったら、ゲームオーバー。その場所《ばしょ》がゴールになります。

4

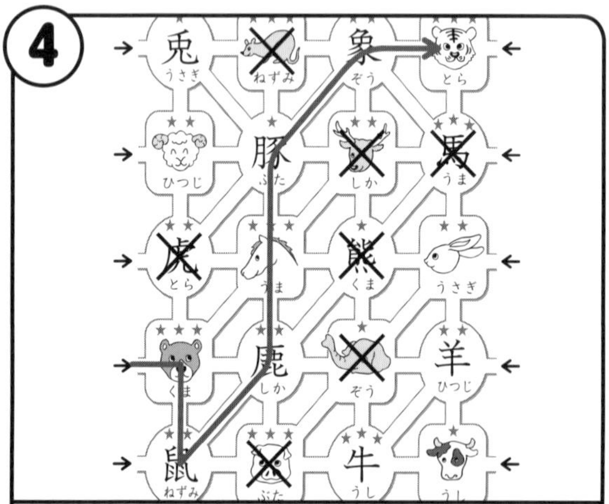

スタートからゴールまでに通《とお》った動物《どうぶつ》についている★の数《かず》を足《た》します。それが得点《とくてん》になります。得点《とくてん》の多《おお》いほうが勝《か》ちです。

工事中《こうじちゅう》チャレラン

①動物《どうぶつ》のなかまめいろ

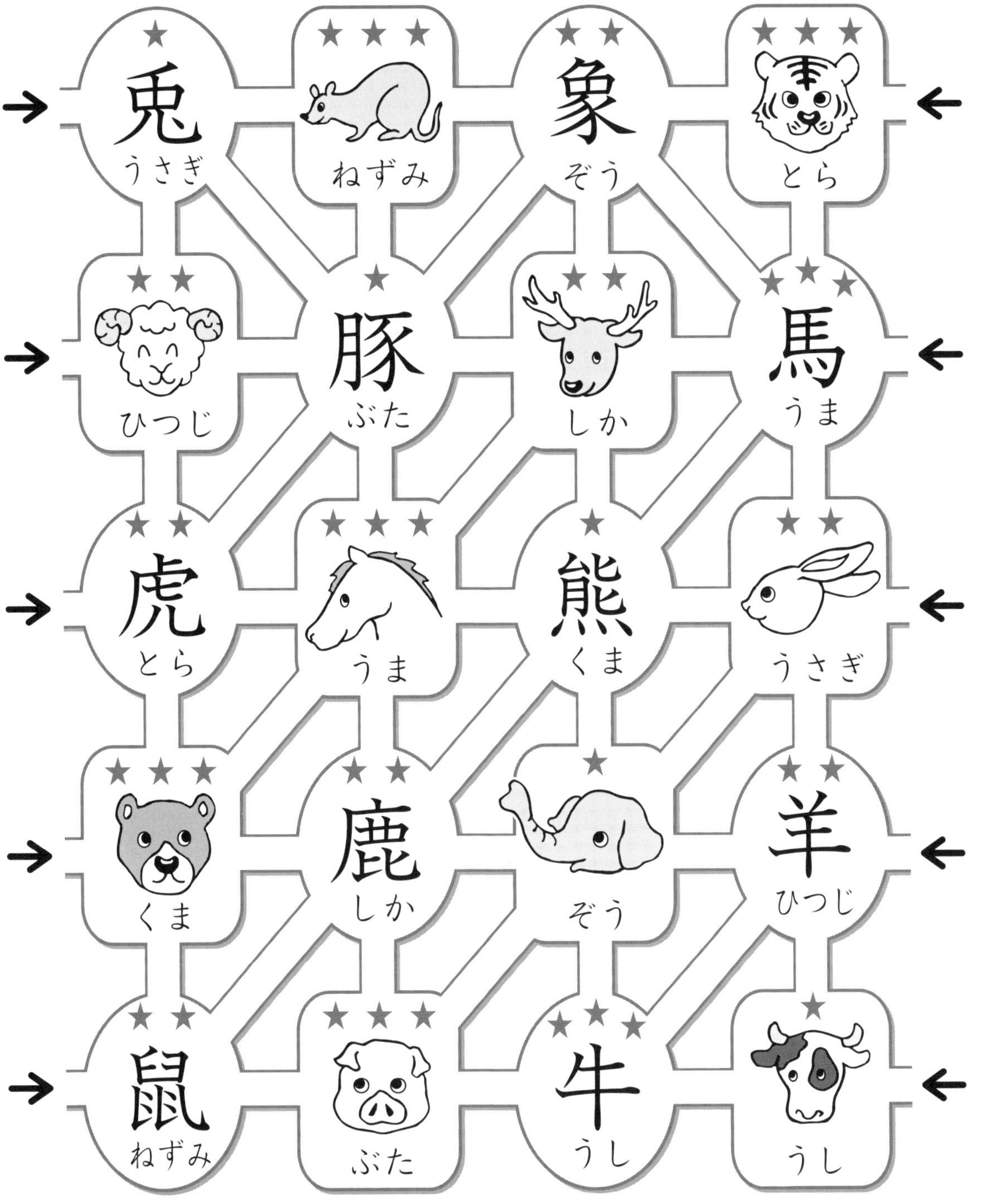

	1回目《かいめ》	2回目《かいめ》	3回目《かいめ》	4回目《かいめ》
さんの得点《とくてん》	点《てん》	点《てん》	点《てん》	点《てん》
さんの得点《とくてん》	点《てん》	点《てん》	点《てん》	点《てん》

勝《か》ったほうに色《いろ》をぬろう!

初級編《しょきゅうへん》 3

工《こう》事《じ》中《ちゅう》チャレラン

①鳥《とり》のなかまめいろ

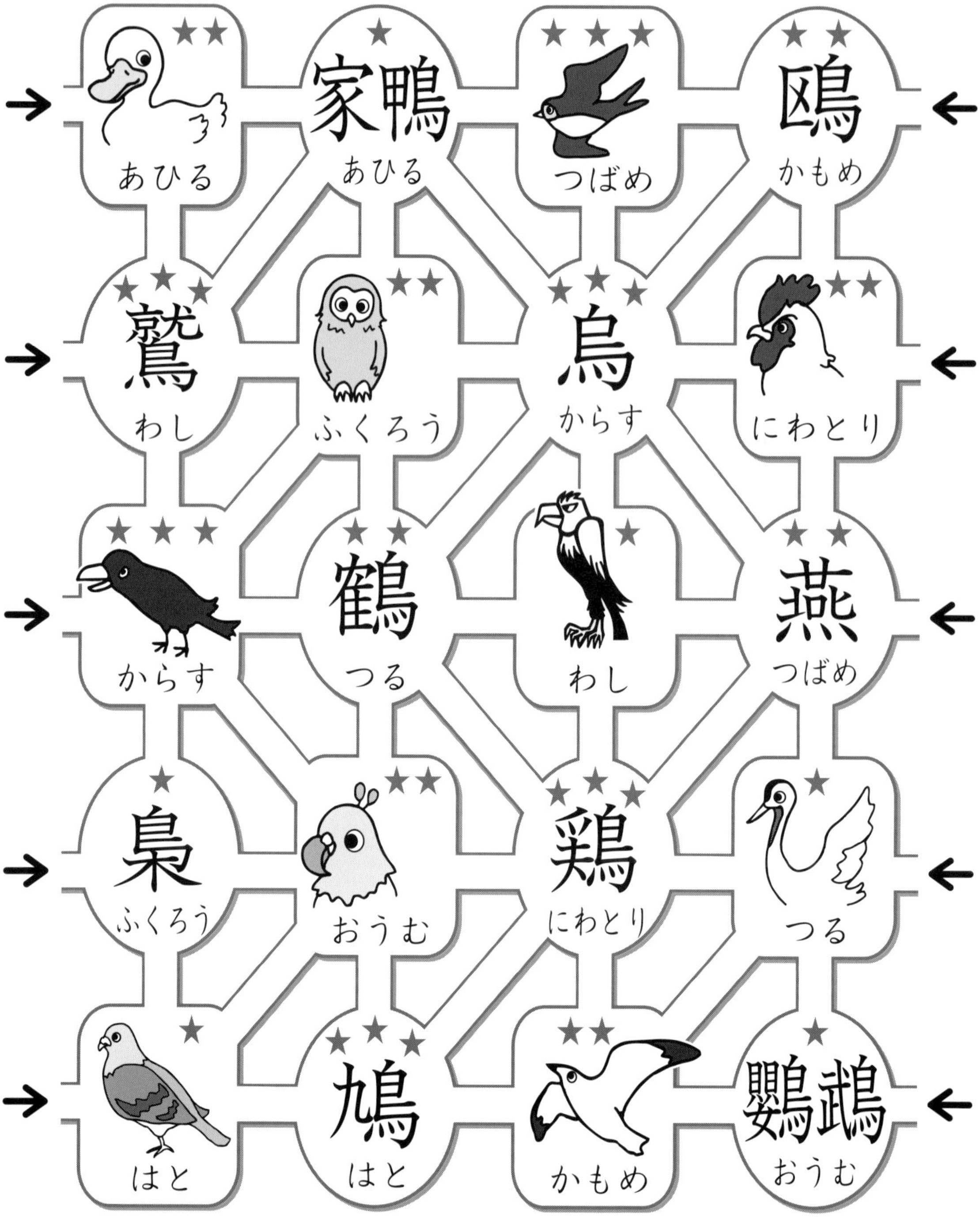

	1回目《かいめ》	2回目《かいめ》	3回目《かいめ》	4回目《かいめ》
さんの得点《とくてん》	点《てん》	点《てん》	点《てん》	点《てん》
さんの得点《とくてん》	点《てん》	点《てん》	点《てん》	点《てん》

勝《か》ったほうに色《いろ》をぬろう!

工事中《こうじちゅう》チャレラン

②海《うみ》や川《かわ》のなかまめいろ

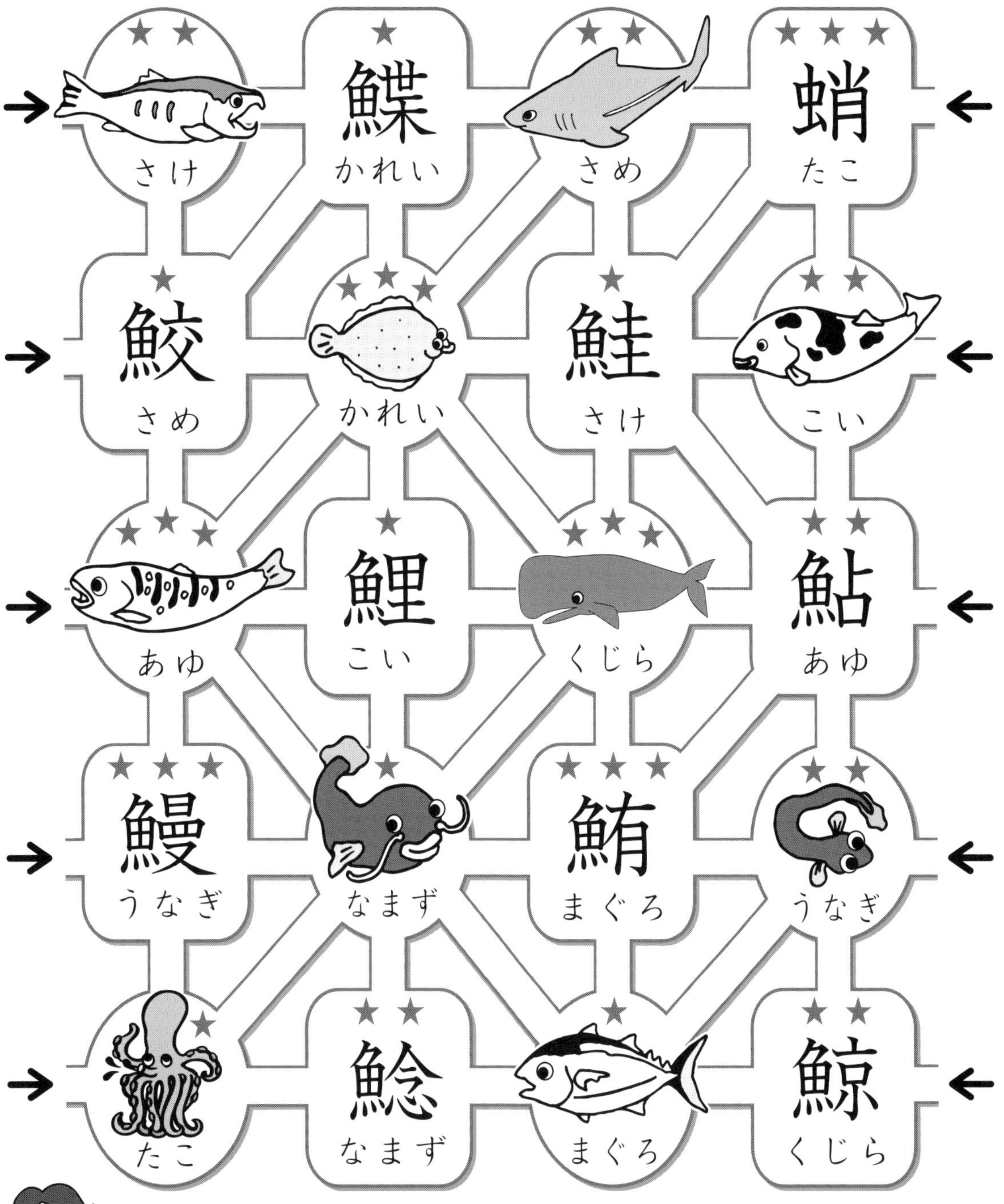

魚《さかな》でない動物《どうぶつ》をとると10点《てん》プラス！

	1回目《かいめ》	2回目《かいめ》	3回目《かいめ》	4回目《かいめ》
さんの得点《とくてん》	点《てん》	点《てん》	点《てん》	点《てん》
さんの得点《とくてん》	点《てん》	点《てん》	点《てん》	点《てん》

勝《か》ったほうに色《いろ》をぬろう！

工事中《こうじちゅう》チャレラン

④野菜《やさい》とくだものめいろ

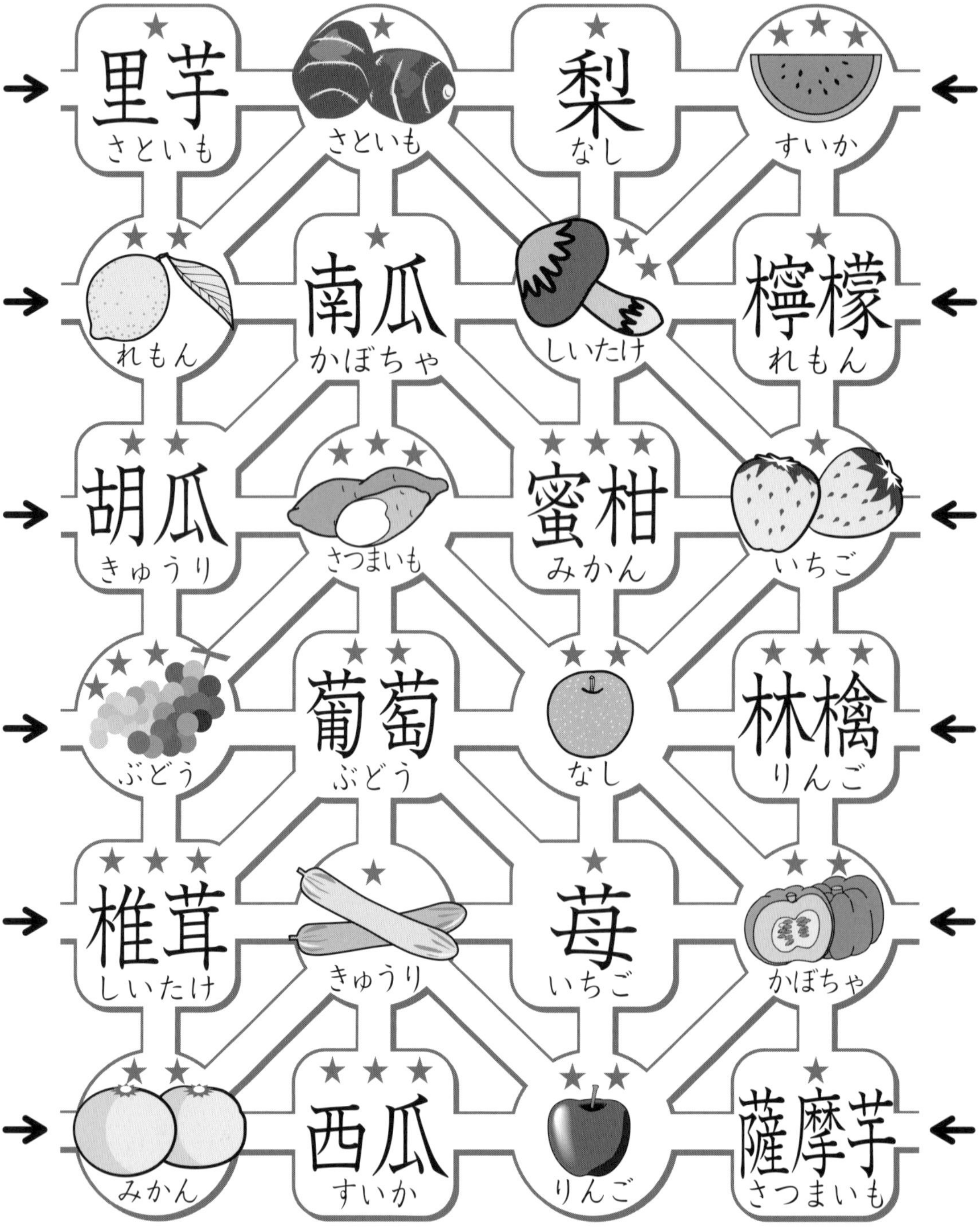

	1回目《かいめ》	2回目《かいめ》	3回目《かいめ》	4回目《かいめ》
さんの得点《とくてん》	点《てん》	点《てん》	点《てん》	点《てん》
さんの得点《とくてん》	点《てん》	点《てん》	点《てん》	点《てん》

勝《か》ったほうに色《いろ》をぬろう!

工事中《こうじちゅう》チャレラン

⑤十二支《じゅうにし》めいろ

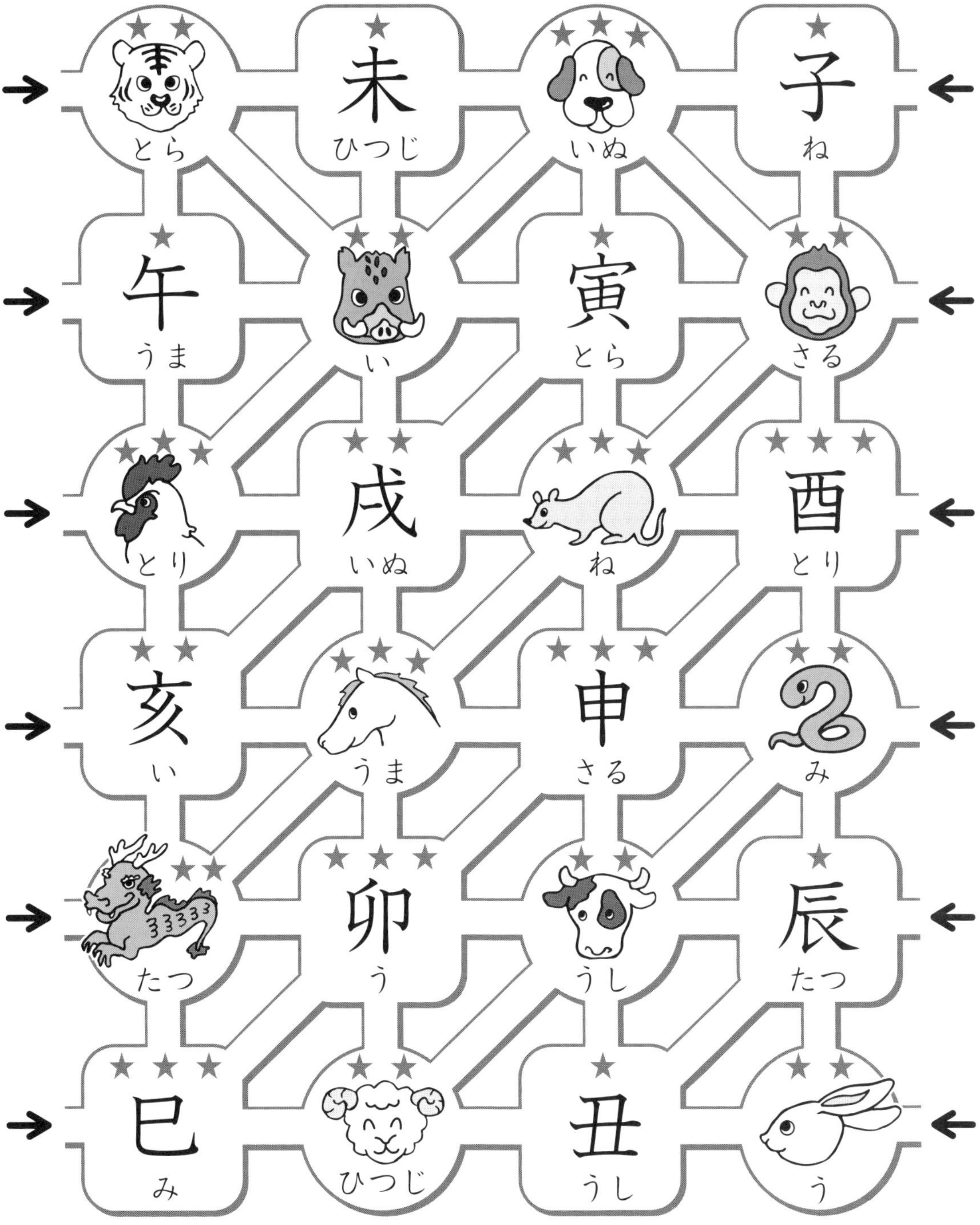

	1回目《かいめ》	2回目《かいめ》	3回目《かいめ》	4回目《かいめ》
さんの得点《とくてん》	点《てん》	点《てん》	点《てん》	点《てん》
さんの得点《とくてん》	点《てん》	点《てん》	点《てん》	点《てん》

勝《か》ったほうに色《いろ》をぬろう!

初級編《しょきゅうへん》 4

画数《かくすう》タイルチャレラン

①1～5画《かく》の漢字《かんじ》　②2～9画《かく》の漢字《かんじ》　③5～10画《かく》の漢字《かんじ》

2まいのタイルをつかって漢字《かんじ》をあつめます。あつめた漢字《かんじ》の画数《かくすう》がそのまま点数《てんすう》になるので、ふくざつな漢字《かんじ》をたくさんあつめていくようにすれば、高得点《こうとくてん》がねらえます。

ゲームのやりかた

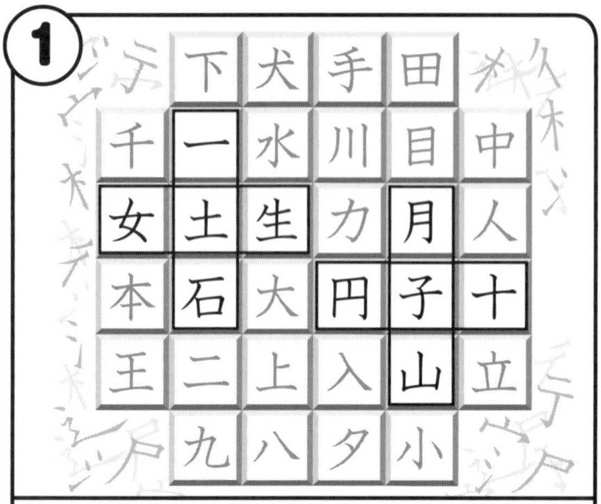

十字《じゅうじ》のタイル（✚）を、右《みぎ》ページの漢字《かんじ》のかいてあるマス目《め》の上《うえ》に、2まいはめこみます。

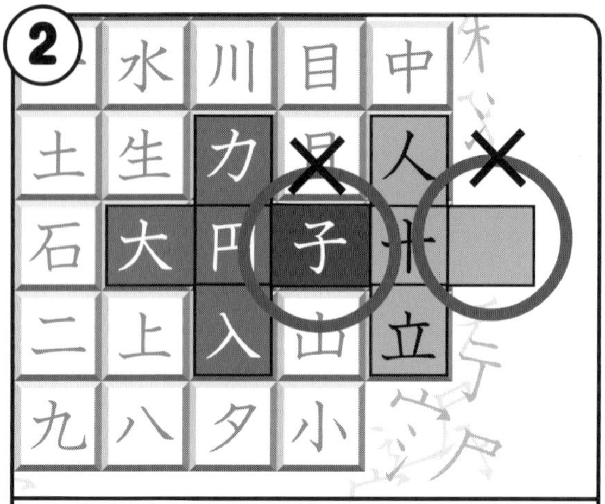

どこにはめこんでもかまいませんが、タイルがマス目《め》からはみだしたり、ほかのタイルとかさなったりしてはいけません。

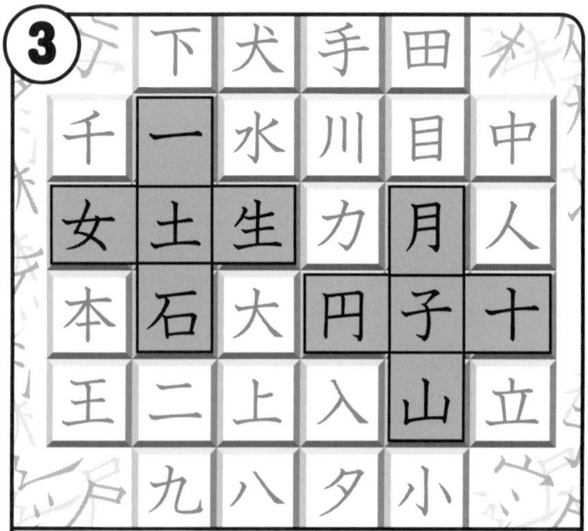

2まいのタイルをはめこんだら、タイルがおいてあるマスに好《す》きな色《いろ》をぬります。

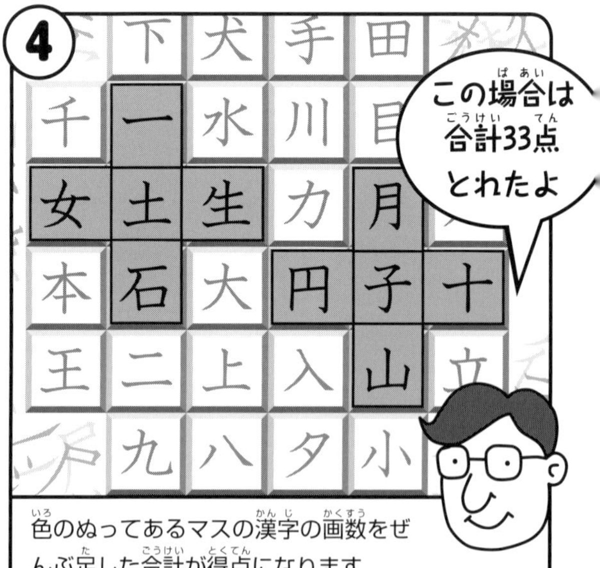

色《いろ》のぬってあるマスの漢字《かんじ》の画数《かくすう》をぜんぶ足《た》した合計《ごうけい》が得点《とくてん》になります。

初級編《しょきゅうへん》
4

画数《かくすう》タイルチャレラン

①1～5画《かく》の漢字《かんじ》

	下	犬	手	田	
千	一	水	川	目	中
女	土	生	力	月	人
本	石	大	円	子	十
王	二	上	入	山	立
	九	八	夕	小	

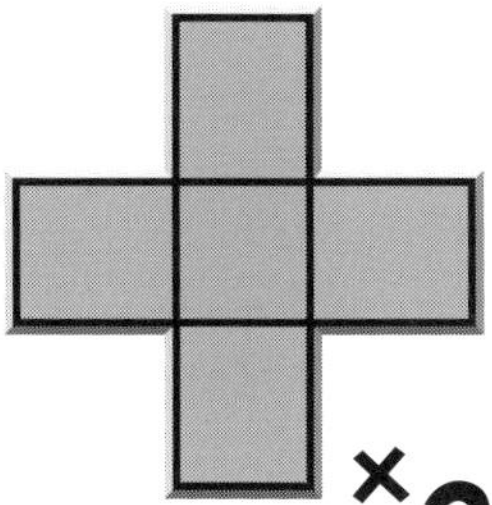

×2

とれた漢字《かんじ》					
画数《かくすう》					

とれた漢字《かんじ》					
画数《かくすう》					

	1回目《かいめ》	2回目《かいめ》	3回目《かいめ》	4回目《かいめ》
さんの得点《とくてん》	点《てん》	点《てん》	点《てん》	点《てん》
さんの得点《とくてん》	点《てん》	点《てん》	点《てん》	点《てん》

勝《か》ったほうに色《いろ》をぬろう!

初級編《しょきゅうへん》 4

画数《かくすう》タイルチャレラン

②2〜9画《かく》の漢字《かんじ》

ばくだんのかいてあるタイルにのったら、ゲームオーバー

ばくだんの上《うえ》には、タイルをのせないようにしよう

	右	文	子	石	糸	入	
土	空	円	生	名	五	山	男
立		木	六	足	七	百	虫
左	竹	出	早	三	川	力	気
青	十	字	女	玉		手	中
四	草	金	雨	上	林	音	夕
	村	耳	休	千	町	大	

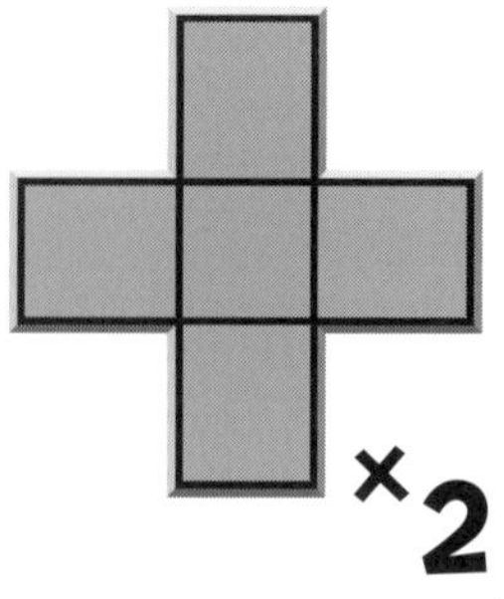

とれた漢字《かんじ》					
画数《かくすう》					

とれた漢字《かんじ》					
画数《かくすう》					

	1回目《かいめ》	2回目《かいめ》	3回目《かいめ》	4回目《かいめ》
さんの得点《とくてん》	点《てん》	点《てん》	点《てん》	点《てん》
さんの得点《とくてん》	点《てん》	点《てん》	点《てん》	点《てん》

勝《か》ったほうに色《いろ》をぬろう!

画数《かくすう》タイルチャレラン

③5～10画《かく》の漢字《かんじ》

	年	会	花	竹	虫	空	
雨	海	糸		京	市	休	思
右	百	多	言	玉	後	回	赤
	社	金	弟	林	作	見	母
音	角	色	池	気	北	学	原
青	形	書	校	里		兄	自
	矢	耳	知	夏	歩	羽	

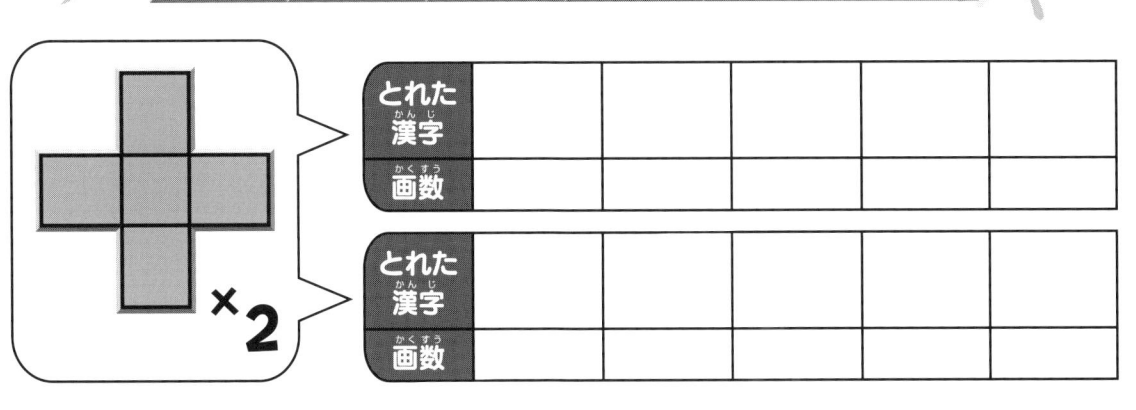

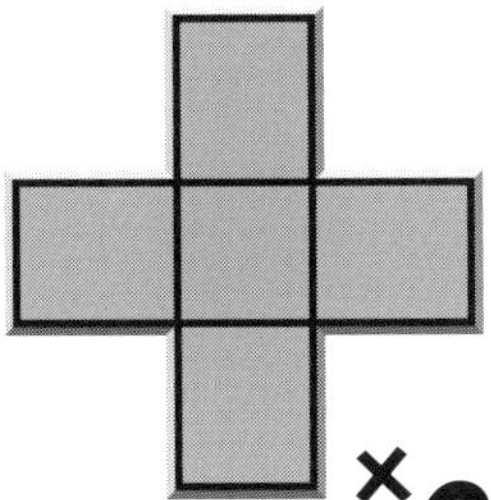

×2

とれた漢字《かんじ》					
画数《かくすう》					

とれた漢字《かんじ》					
画数《かくすう》					

	1回目《かいめ》	2回目《かいめ》	3回目《かいめ》	4回目《かいめ》
さんの得点《とくてん》	点《てん》	点《てん》	点《てん》	点《てん》
さんの得点《とくてん》	点《てん》	点《てん》	点《てん》	点《てん》

勝《か》ったほうに色《いろ》をぬろう!

初級編《しょきゅうへん》 5 鳥《とり》ペアづくりチャレラン

ひろったカードのなかで、いくつのペアができるかを競《きそ》うチャレランです。ひろえるカードは10まいときまっているので、なるべくむだなカードをとらないようにするのがポイントです。

ゲームのやりかた

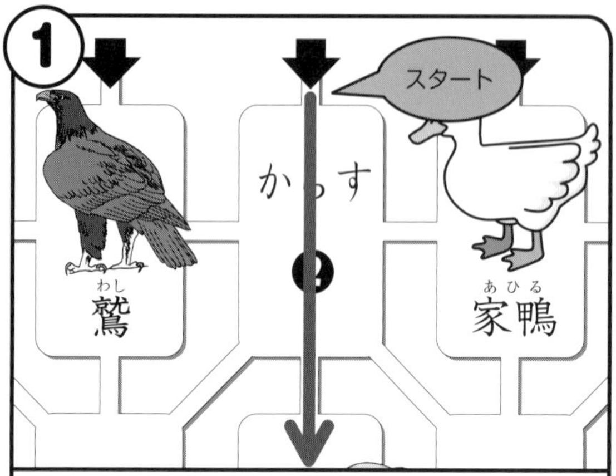

めいろの上《うえ》と下《した》に、やじるしのついた入口《いりぐち》があります。好《す》きな入口《いりぐち》をえらんでめいろに入《はい》ります。

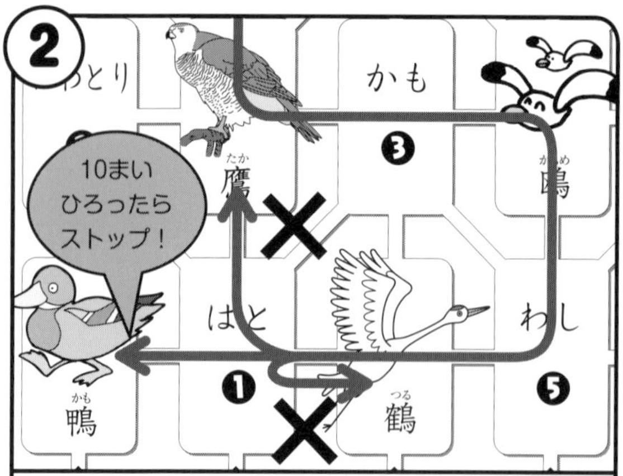

漢字《かんじ》やひらがなのかかれたカードをひろいながら進《すす》みます。おなじ道《みち》をもう一度《いちど》通《とお》ったり、バックしたりしてはいけません。10まいのカードをひろったらストップです。

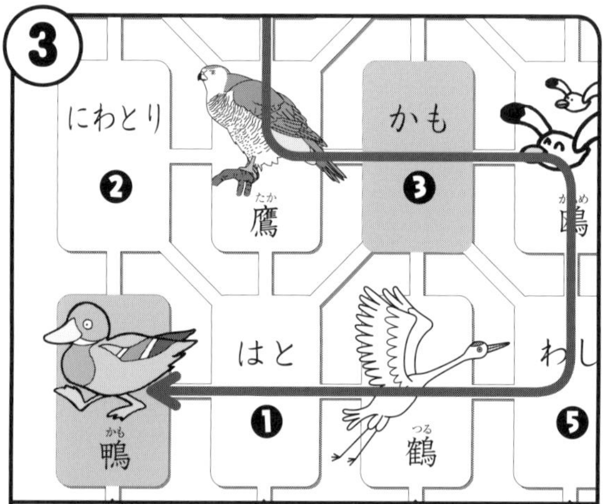

ひろった10まいのカードのなかに、おなじ鳥《とり》の名《な》前《まえ》がかいてあるカードを見《み》つけたら、ペアとして色《いろ》をぬりましょう。

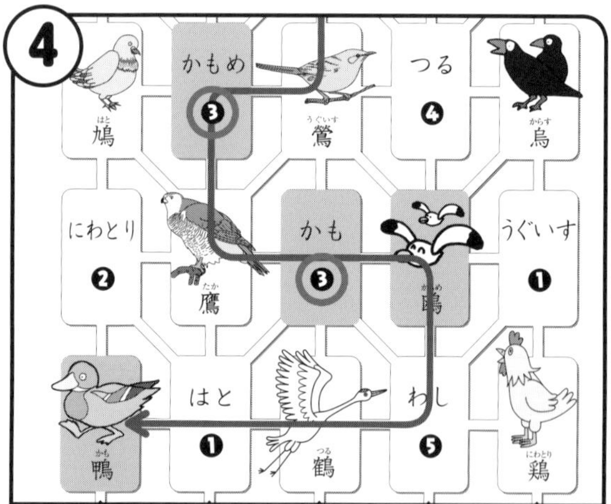

ペアになったカードの、読《よ》みのほうに点数《てんすう》がかいてあります。書《か》いてある点数《てんすう》をぜんぶ足《た》したものが得点《とくてん》になります。

↓あひる ❸	↓鷲(わし) ❷からす	↓家鴨(あひる) ❺たか
鳩(はと) ❸かもめ	鶯(うぐいす) ❹つる	烏(からす)
❷にわとり 鷹(たか)	❸かも 鴎(かもめ)	❶うぐいす
鴨(かも) ❶はと	鶴(つる) ❺わし	鶏(にわとり)

	1回目	2回目	3回目	4回目
さんの得点	点	点	点	点
さんの得点	点	点	点	点

勝ったほうに色をぬろう！

初級編《しょきゅうへん》 6 魚屋《さかなや》さんで買《か》いものチャレラン

魚屋《さかなや》さんで買《か》いものをして、いろいろな魚《さかな》をあつめます。ただし、ねこがうろうろしているところは通《とお》れません。

ゲームのやりかた

1

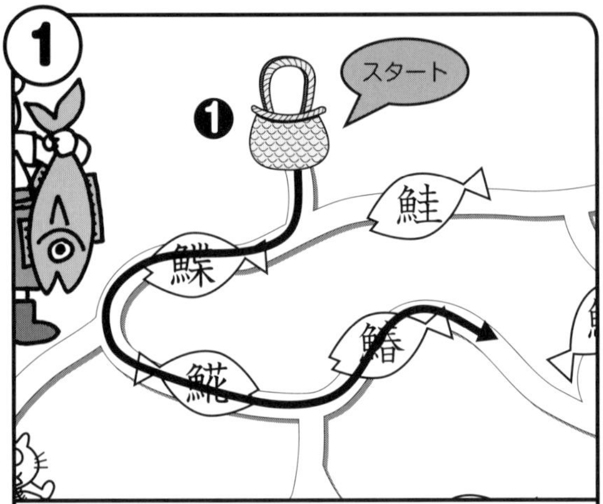

❶～❹のカゴのうちの１つをえらび、そこからスタートして、魚《さかな》をあつめながらめいろを進《すす》みます。

2

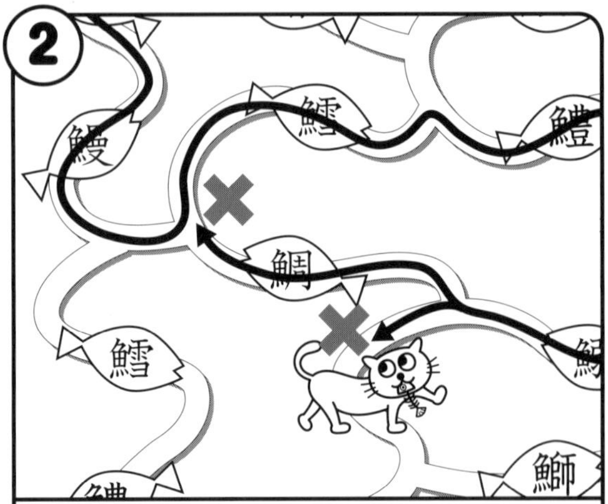

ねこがいるところは通《とお》れません。また、おなじ道《みち》をもう一度《いちど》通《とお》ってはいけません。

3

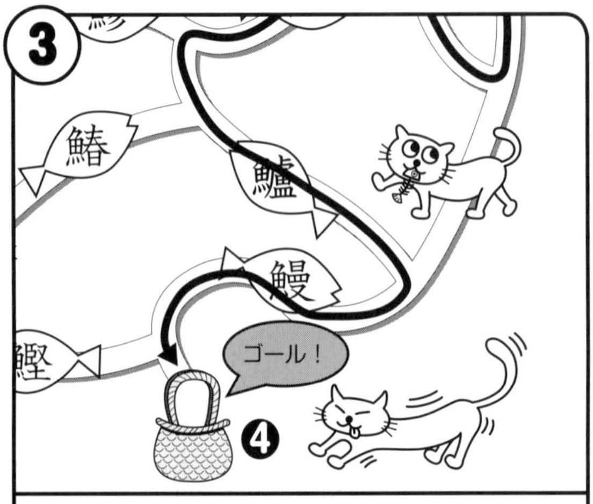

❶～❹のカゴのうち、スタート地点《ちてん》とは別《べつ》のカゴから外《そと》に出《で》たらゴールです。

4

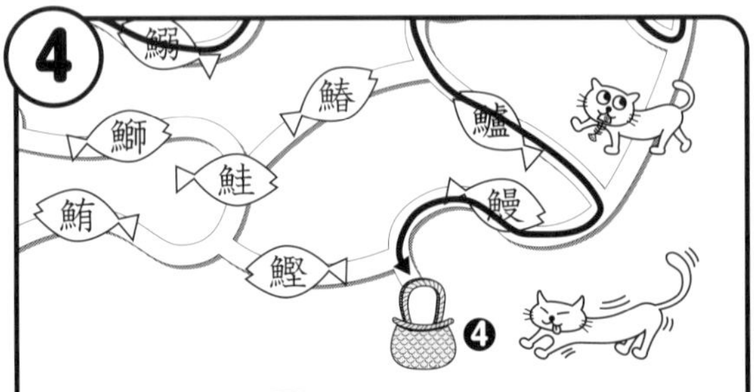

いわし(鰯)	うなぎ(鰻)	かつお(鰹)	かれい(鰈)
さわら(鰆)	すずき(鱸)	た　い(鯛)	た　ら(鱈)
ひらめ(鮃)	ぶ　り(鰤)	ほっけ(𩸽)	まぐろ(鮪)

下《した》の表《ひょう》のなかで、買《か》った魚《さかな》にかいてある漢字《かんじ》の読《よ》みに○をつけてください。○の数《かず》が得点《とくてん》です。ただし、おなじ魚《さかな》をいくつ買《か》っても○は1つです。

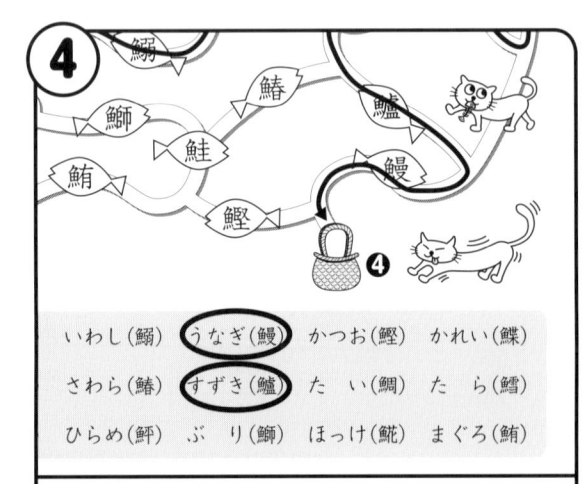

あ　じ（鯵）　あ　ゆ（鮎）　いわし（鰯）　うなぎ（鰻）　かつお（鰹）　かれい（鰈）

さ　け（鮭）　さ　ば（鯖）　さわら（鰆）　すずき（鱸）　た　い（鯛）　た　ら（鱈）

にしん（鰊）　は　も（鱧）　ひらめ（鮃）　ぶ　り（鰤）　ほっけ（𩸽）　まぐろ（鮪）

	1回目《かいめ》	2回目《かいめ》	3回目《かいめ》	4回目《かいめ》
さんの得点《とくてん》	点《てん》	点《てん》	点《てん》	点《てん》
さんの得点《とくてん》	点《てん》	点《てん》	点《てん》	点《てん》

勝《か》ったほうに色《いろ》をぬろう!

初級編《しょきゅうへん》 7

熟字訓《じゅくじくん》チャレラン

漢字《かんじ》2字《じ》以上《いじょう》のことばで、1字《じ》1字《じ》の読《よ》みかたに関係《かんけい》なく、まとめて特別《とくべつ》な読《よ》みかたをするものを熟字訓《じゅくじくん》といいます。12まいのカードをひろって、できるだけたくさんの漢字《かんじ》と読《よ》みのペアをつくりましょう。

ゲームのやりかた

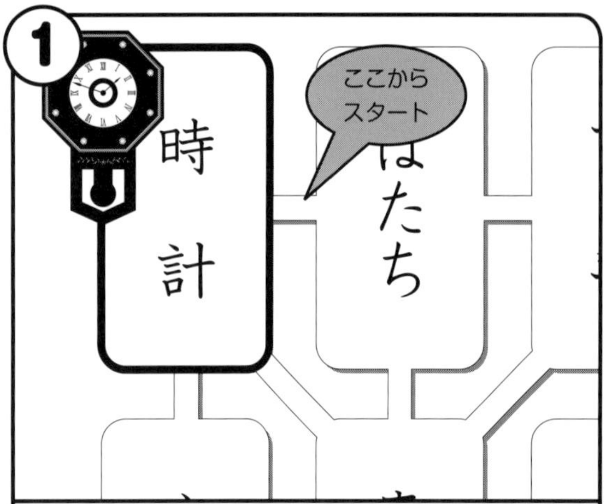

好《す》きなカードを1まいえらび、カードをひろっていきます。

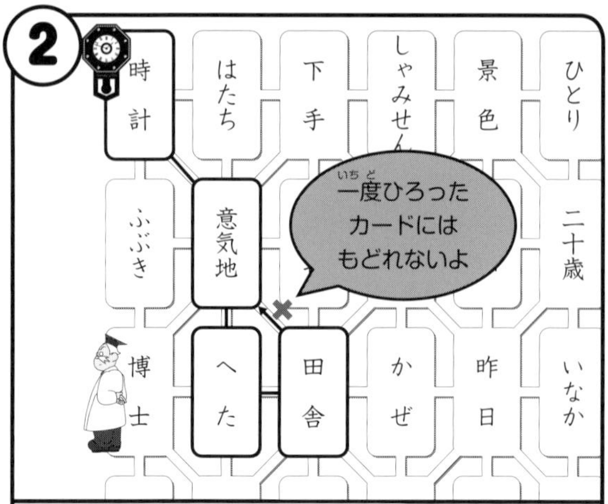

一度《いちど》ひろったカードをもう一度《いちど》通《とお》ることはできません。合計《ごうけい》12まいのカードをひろったら、そこでストップします。

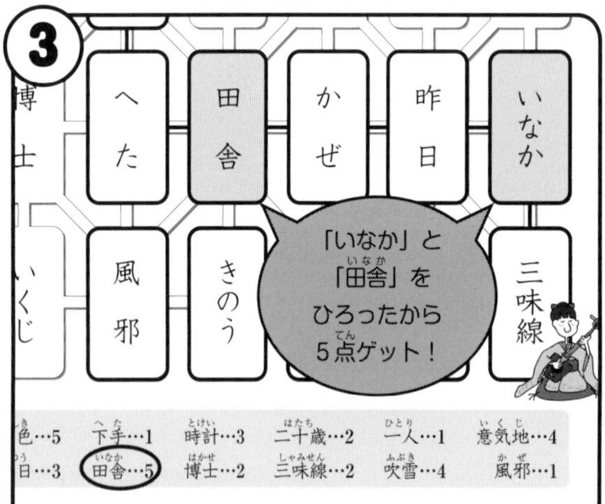

ひろった12まいのカードのなかに、漢字《かんじ》と読《よ》みが両方《りょうほう》そろっているものがあれば、下《した》に○をつけます。

○をつけた数字《すうじ》の合計《ごうけい》が得点《とくてん》になります。

時計	はたち	下手	しゃみせん	景色	ひとり
ふぶき	意気地	はかせ	一人	とけい	二十歳
博士	へた	田舎	かぜ	昨日	いなか
いくじ	風邪	きのう	吹雪	けしき	三味線

景色《けしき》…5　下手《へた》…1　時計《とけい》…3　二十歳《はたち》…2　一人《ひとり》…1　意気地《いくじ》…4
昨日《きのう》…3　田舎《いなか》…5　博士《はかせ》…2　三味線《しゃみせん》…2　吹雪《ふぶき》…4　風邪《かぜ》…1

	1回目《かいめ》	2回目《かいめ》	3回目《かいめ》	4回目《かいめ》
さんの得点《とくてん》	点《てん》	点《てん》	点《てん》	点《てん》
さんの得点《とくてん》	点《てん》	点《てん》	点《てん》	点《てん》

勝《か》ったほうに色《いろ》をぬろう!

初級編《しょきゅうへん》
8

送《おく》りがなチャレラン

送《おく》りがなに注目《ちゅうもく》して進《すす》むめいろです。ひろった漢字《かんじ》の数《かず》が得点《とくてん》になります。すぐに行《い》きどまりにならないように、よくかんがえて進《すす》みましょう。

ゲームのやりかた

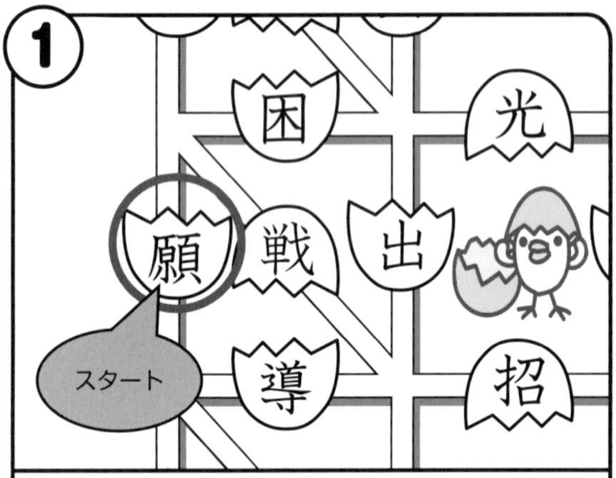

めいろのなかにある「送《おく》りがなが“う”の漢字《かんじ》」から、好《す》きな字《じ》を1つえらびます。そこがスタート地点《ちてん》です。

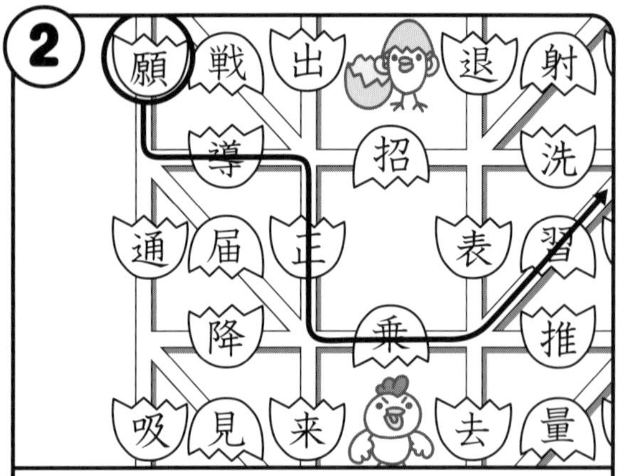

スタート地点《ちてん》から、「送《おく》りがなが“く”の漢字《かんじ》」→「送《おく》りがなが“す”の漢字《かんじ》」→「送《おく》りがなが“る”の漢字《かんじ》」のじゅんに進《すす》みます。「送《おく》りがなが“る”の漢字《かんじ》」の次《つぎ》は、「送《おく》りがなが“う”の漢字《かんじ》」にもどります。

交差点《こうさてん》で交差《こうさ》したり、すれちがったりすることはできますが、一度《いちど》通《とお》った道《みち》をもう一度《いちど》通《とお》ることはできません。

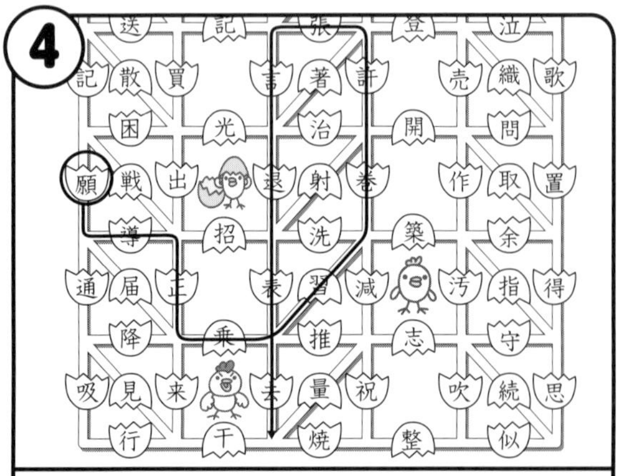

送《おく》りがなが「う→く→す→る」になる漢字《かんじ》を順番《じゅんばん》通《どお》りにひろいながらめいろを進《すす》み、進《すす》めなくなるまでにいくつの漢字《かんじ》がひろえたかを競《きそ》います。ひろった漢字《かんじ》の数《かず》が得点《とくてん》です。

送《おく》りがなのじゅんばん… う → く → す → る

	1回目《かいめ》	2回目《かいめ》	3回目《かいめ》	4回目《かいめ》
さんの得点《とくてん》	点《てん》	点《てん》	点《てん》	点《てん》
さんの得点《とくてん》	点《てん》	点《てん》	点《てん》	点《てん》

勝《か》ったほうに色《いろ》をぬろう!

初級編《しょきゅうへん》 9

熟《じゅく》語《ご》魚《さかな》つりチャレラン

池《いけ》にいる魚《さかな》で二字熟語《にじじゅくご》をつくるゲームです。つった魚《さかな》にかいてある漢《かん》字《じ》は一度《いちど》しかつかえません。どの魚《さかな》とどの魚《さかな》をおなじバケツに入《い》れたらいいかよく考《かんが》えてみましょう。

ゲームのやりかた

1

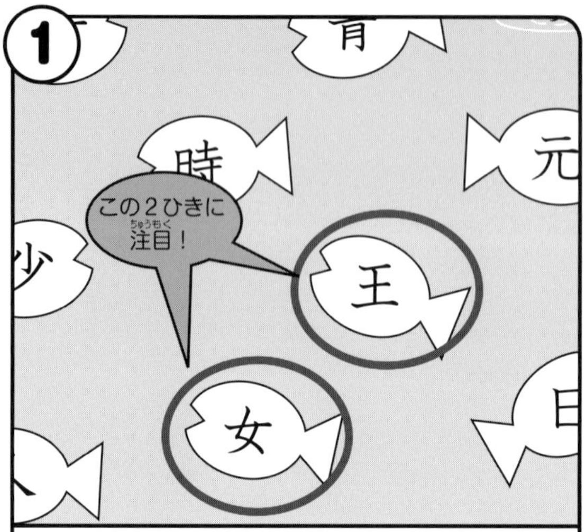

池《いけ》にいる魚《さかな》にかいてある漢字《かんじ》をよく見《み》て、熟語《じゅくご》がつくれる魚《さかな》を2ひきずつえらびます。

2

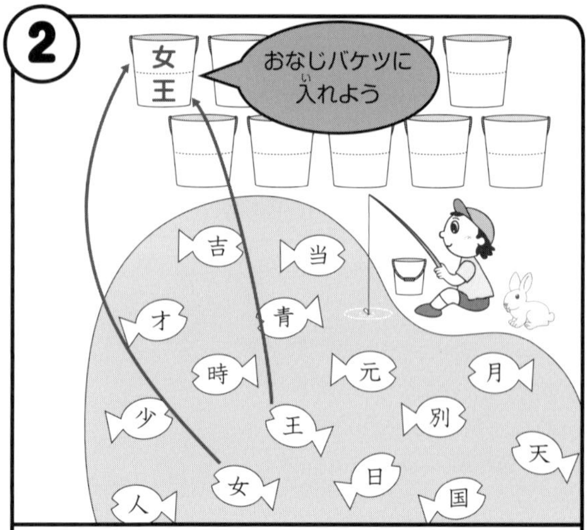

熟語《じゅくご》になる魚《さかな》2ひきは、1つのバケツに入《い》れてください。

3

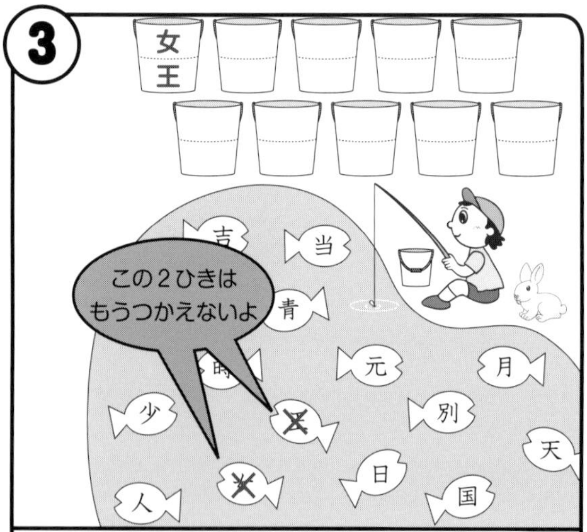

つった魚《さかな》の漢字《かんじ》は1回《かい》しかつかえません。バケツに入《い》れた魚《さかな》には×をつけておきましょう。

4

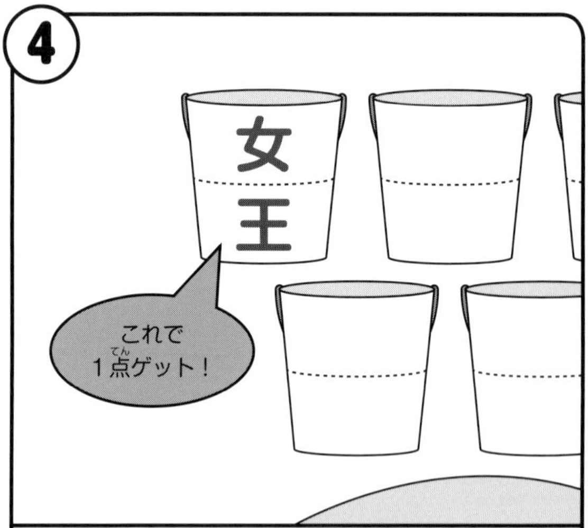

魚《さかな》の入《はい》っているバケツの数《かず》をかぞえてください。その数《かず》が得点《とくてん》になります。

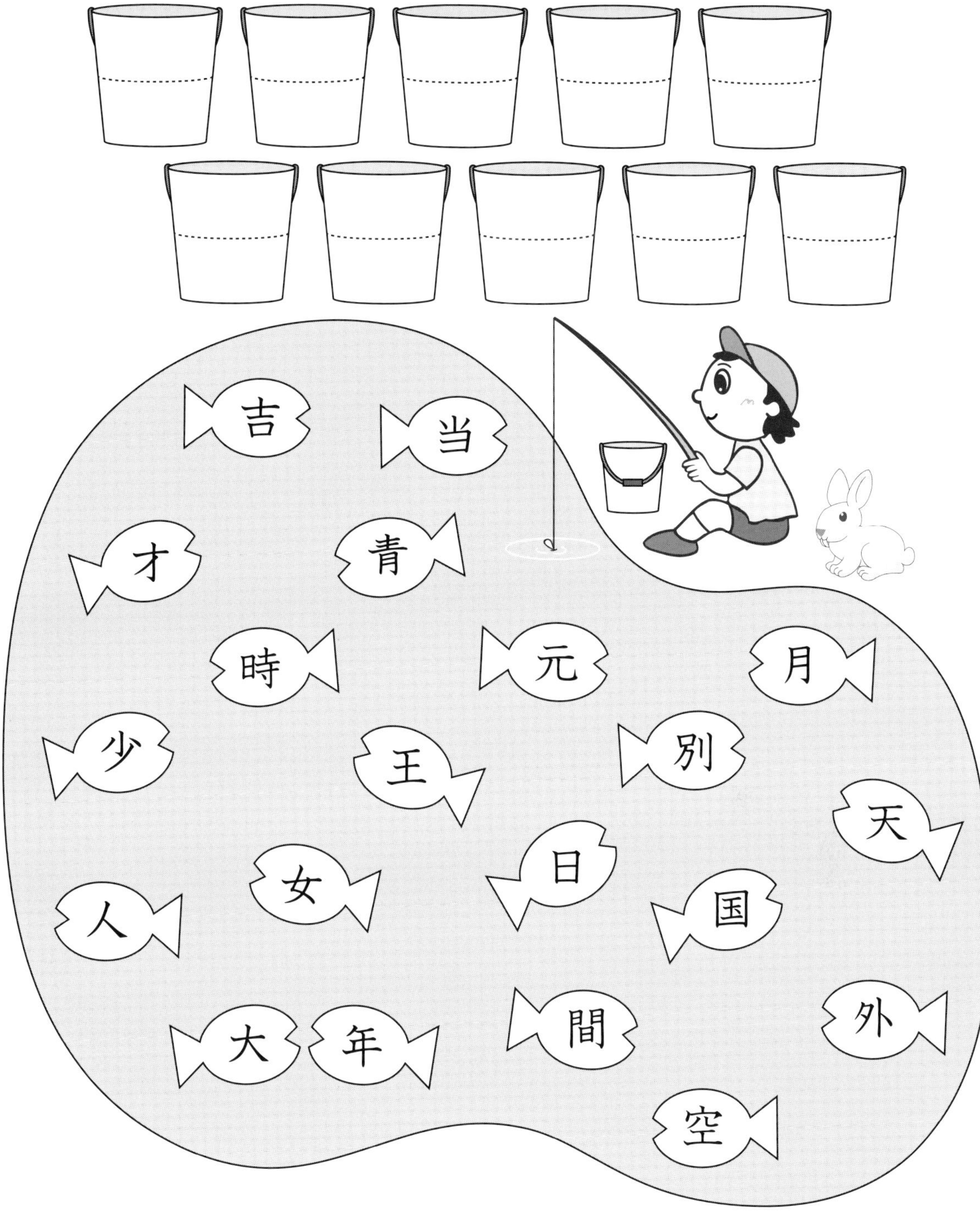

	1回目《かいめ》	2回目《かいめ》	3回目《かいめ》	4回目《かいめ》
さんの得点《とくてん》	点《てん》	点《てん》	点《てん》	点《てん》
さんの得点《とくてん》	点《てん》	点《てん》	点《てん》	点《てん》

勝《か》ったほうに色《いろ》をぬろう!

初級編《しょきゅうへん》 10

熟語《じゅくご》タイルチャレラン

タイルをつかって漢字《かんじ》をあつめます。あつめた漢字《かんじ》で熟語《じゅくご》ができたら、ボーナス点《てん》がもらえます。できるだけたくさんの熟語《じゅくご》をつくれるように、タイルをはめこむ場所《ばしょ》をくふうしましょう。

ゲームのやりかた

1

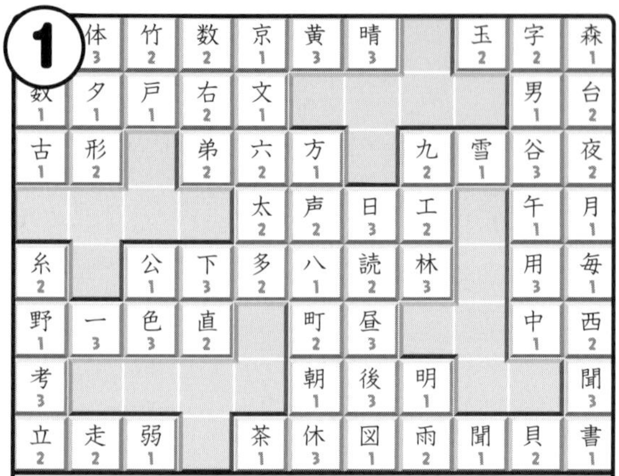

ボードの下《した》にある2種類《しゅるい》のタイルを、マス目《め》の上《うえ》に2まいずつはめこんでいきます。

2

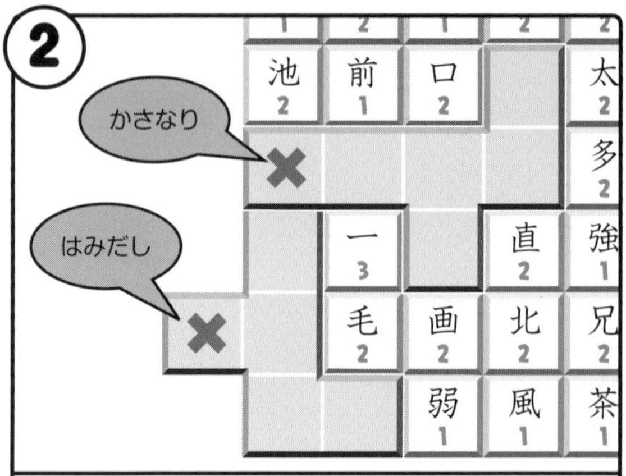

どこにどんな向《む》きにはめこんでもかまいません。うらがえした形《かたち》をはめこんでもOK《オーケー》です。ただし、タイルがマス目《め》からはみだしたり、ほかのタイルとかさなったりしてはいけません。

3

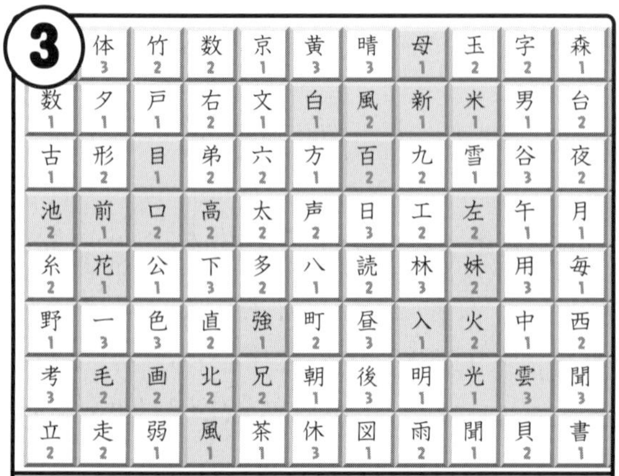

4まいのタイルをすべてはめこんだら、タイルがおいてある部分《ぶぶん》のマス目《め》に色《いろ》をぬります。色《いろ》のぬってあるマス目《め》の数字《すうじ》をぜんぶ足《た》した合計《ごうけい》が基《き》本《ほん》の得点《とくてん》になります。

4

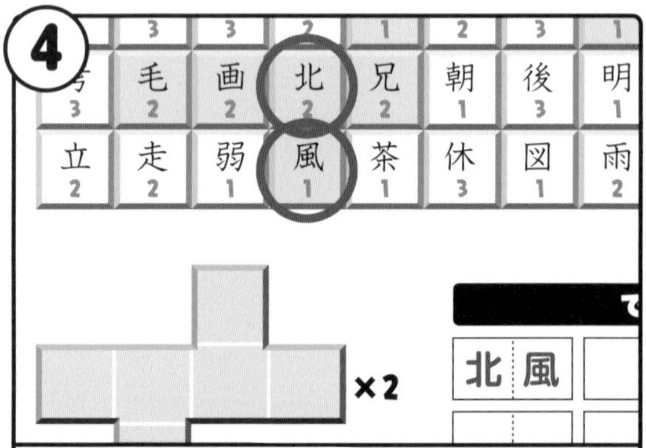

次《つぎ》に、色《いろ》のぬってあるマス目《め》の漢字《かんじ》で熟語《じゅくご》をつくります。できた熟語《じゅくご》を横《よこ》のわくのなかにかきましょう。おなじ漢字《かんじ》は一度《いちど》しかつかえません。熟語《じゅくご》1つにつき10点《てん》のボーナス点《てん》がもらえます。基本《きほん》の得《とく》点《てん》とボーナス点《てん》をあわせたものが得点《とくてん》です。

力 3	体 3	竹 2	数 2	京 1	黄 3	晴 3	母 1	玉 2	字 2	森 1	広 1
数 1	夕 1	戸 1	右 2	文 1	白 1	風 2	新 1	米 1	男 1	台 2	書 1
古 1	形 2	目 1	弟 2	六 2	方 1	百 2	九 2	雪 1	谷 3	夜 2	親 3
池 2	前 1	口 2	高 2	太 2	声 2	日 3	工 2	左 2	午 1	月 1	曜 2
糸 2	花 1	公 1	下 3	多 2	八 1	読 2	林 3	妹 2	用 3	毎 1	校 2
野 1	一 3	色 3	直 2	強 1	町 2	昼 3	入 1	火 2	中 1	西 2	小 2
考 3	毛 2	画 2	北 2	兄 2	朝 1	後 3	明 1	光 1	雲 3	聞 3	虫 1
立 2	走 2	弱 1	風 1	茶 1	休 3	図 1	雨 2	聞 1	貝 2	書 1	名 2

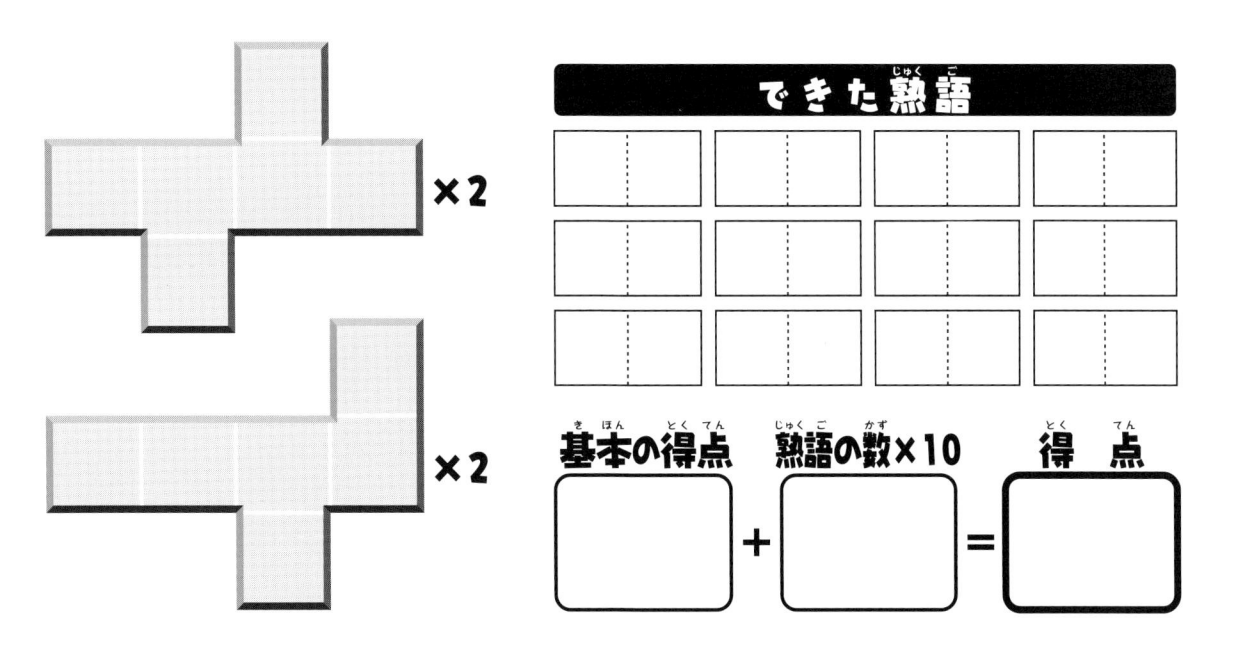

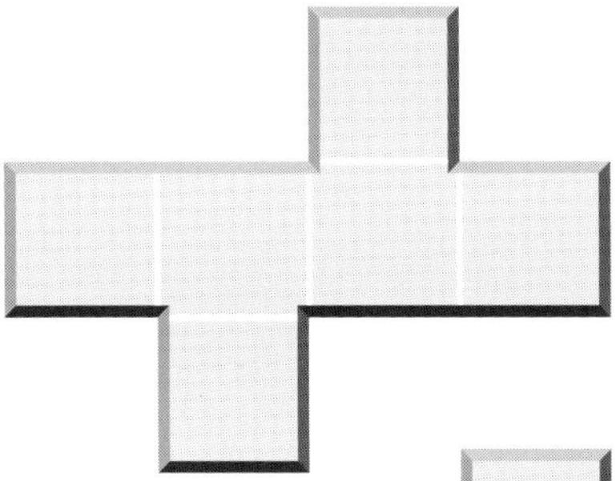

×2

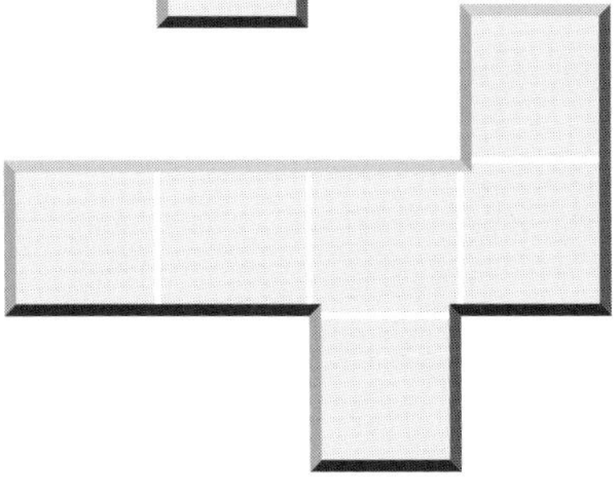

×2

できた熟語《じゅくご》

基本《きほん》の得点《とくてん》 ＋ 熟語《じゅくご》の数《かず》×10 ＝ 得《とく》 点《てん》

	1回目《かいめ》	2回目《かいめ》	3回目《かいめ》	4回目《かいめ》
さんの得点《とくてん》	点《てん》	点《てん》	点《てん》	点《てん》
さんの得点《とくてん》	点《てん》	点《てん》	点《てん》	点《てん》

勝《か》ったほうに色《いろ》をぬろう!

中級編《ちゅうきゅうへん》 1

画数《かくすう》タイルチャレラン

ここからは中級編《ちゅうきゅうへん》。2まいのタイルをつかって漢字《かんじ》をあつめます。あつめた漢字《かんじ》の画数《かくすう》がそのまま点数《てんすう》になるので、画数《かくすう》の多《おお》い漢字《かんじ》をたくさんあつめれば高得点《こうとくてん》がねらえます。

ゲームのやりかた

1

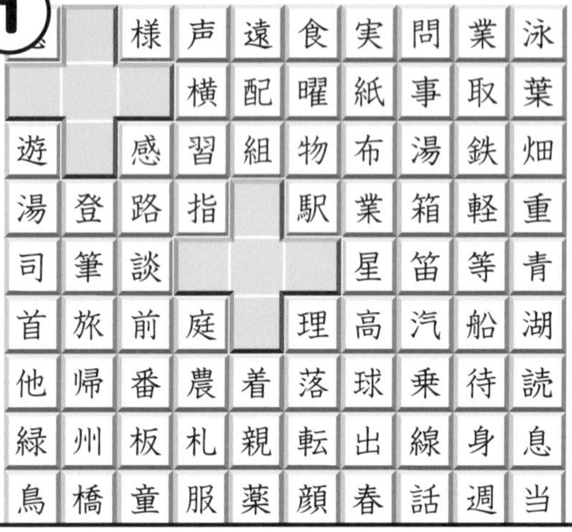

ボードの下《した》にある十字《じゅうじ》のタイルを、漢字《かんじ》のかいてあるマス目《め》の上《うえ》に2まいはめこみます。

2

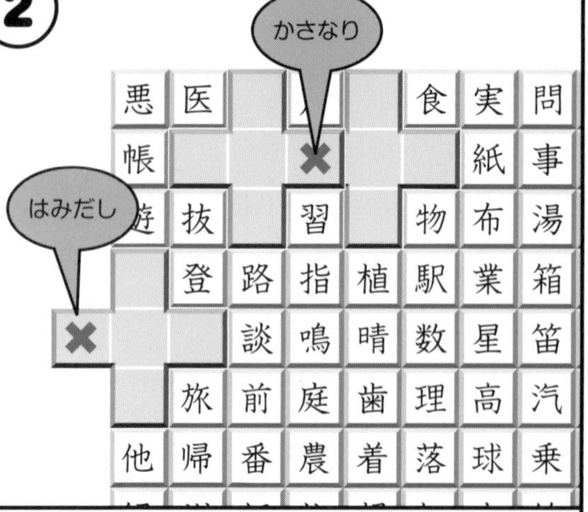

タイルがマス目《め》からはみだしたり、ほかのタイルとかさなったりしてはいけません。

3

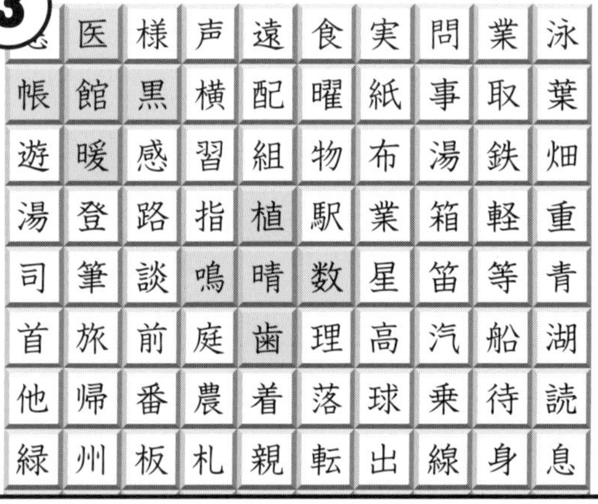

タイルがおいてある部分《ぶぶん》のマス目《め》に好《す》きな色《いろ》をぬります。

4

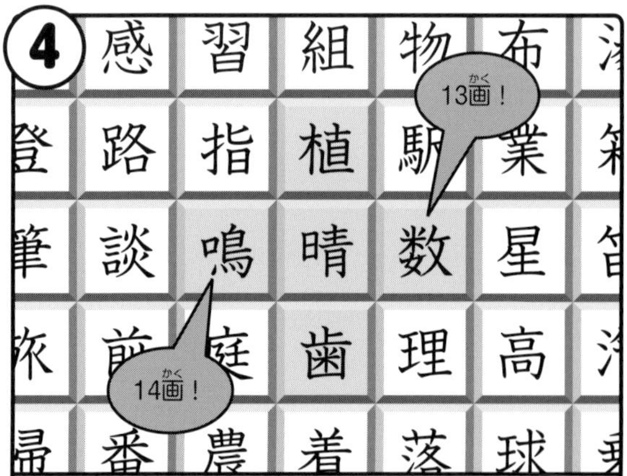

色《いろ》のぬってあるマス目《め》の漢字《かんじ》の画数《かくすう》をぜんぶ足《た》した合計《ごうけい》が得点《とくてん》になります。このタイルでは63点《てん》とれたことになります。2まいのタイルすべての合《ごう》計《けい》が得点《とくてん》です。

悪	医	様	声	遠	食	実	問	業	泳
帳	館	黒	横	配	曜	紙	事	取	葉
遊	暖	感	習	組	物	布	湯	鉄	畑
湯	登	路	指	植	駅	業	箱	軽	重
司	筆	談	鳴	晴	数	星	笛	等	青
首	旅	前	庭	歯	理	高	汽	船	湖
他	帰	番	農	着	落	球	乗	待	読
緑	州	板	札	親	転	出	線	身	息
鳥	橋	童	服	薬	顔	春	話	週	当
整	銀	寒	投	退	助	相	第	祭	題
鼻	新	島	表	数	道	暑	都	算	柱
練	南	通	炭	馬	園	桜	動	雲	黄

とった漢字《かんじ》（画数《かくすう》）
（　）
（　）
（　）
（　）
（　）
（　）
（　）
（　）
（　）
（　）

×2

	1回目《かいめ》	2回目《かいめ》	3回目《かいめ》	4回目《かいめ》
さんの得点《とくてん》	点《てん》	点《てん》	点《てん》	点《てん》
さんの得点《とくてん》	点《てん》	点《てん》	点《てん》	点《てん》

勝《か》ったほうに色《いろ》をぬろう!

中級編《ちゅうきゅうへん》 2

同音異義語《どうおんいぎご》めいろチャレラン

①雨《あめ》のなかであめ玉《だま》ゲット　②たこを飛《と》ばしてタコをゲット

発音《はつおん》がおなじで意味《いみ》のちがうことばを同音異義語《どういんいぎご》といいます。一組《ひとくみ》の同音異義語《どうおんいぎご》をスタートとゴールにしたチャレランです。

ゲームのやりかた

好《す》きなカードを１まいえらんでスタート地点《ちてん》をきめます。

スタートのカードと同音異義語《どうおんいぎご》のカードをさがしましょう。そのカードがゴールになります。

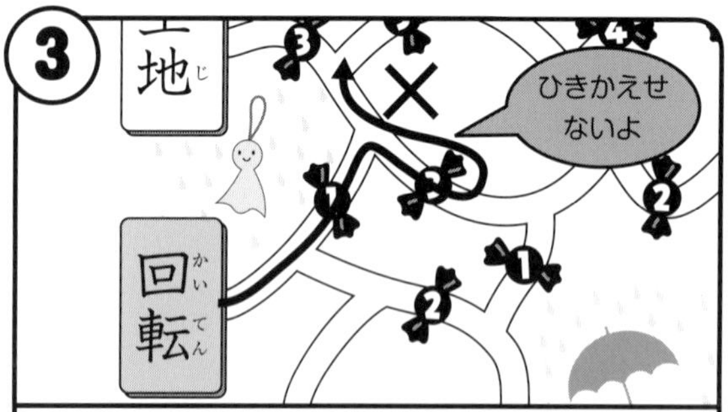

一度《いちど》通《とお》った道《みち》をもう一度《いちど》通《とお》ることはできません。

スタートからゴールまでに通《とお》った道《みち》にかかれている数《かず》の合計《ごうけい》が得点《とくてん》になります。この場合《ばあい》は９点《てん》です。

【ここでつかわれている同音異義語《どうおんいぎご》】

◆回転《かいてん》…ぐるぐるまわること。
◆開店《かいてん》…新《あたら》しく店《みせ》を開《ひら》いて商売《しょうばい》をはじめること。
◇火事《かじ》…家《いえ》や山林《さんりん》などが焼《や》けること。
◇家事《かじ》…食事《しょくじ》の用意《ようい》やそうじ、せんたくなど家《いえ》のなかのいろいろな用事《ようじ》。
◆記事《きじ》…ものごとを伝《つた》えるために、雑誌《ざっし》や新聞《しんぶん》にのる文章《ぶんしょう》。
◆生地《きじ》…加工《かこう》していない布《ぬの》。
◇汽車《きしゃ》…蒸気機関車《じょうききかんしゃ》にひかれて線路《せんろ》の上《うえ》を走《はし》る車両《しゃりょう》。
◇記者《きしゃ》…新聞《しんぶん》や雑誌《ざっし》の記事《きじ》の文章《ぶんしょう》をかいたり、まとめたりする人《ひと》。
◆急行《きゅうこう》…急《いそ》いで行《い》くこと。
◆休校《きゅうこう》…学校全体《がっこうぜんたい》が授業《じゅぎょう》を休《やす》むこと。
◇指示《しじ》…指図《さしず》すること。
◇支持《しじ》…ほかの人《ひと》の考《かんが》えに賛成《さんせい》して協力《きょうりょく》すること。
◆発想《はっそう》…思《おも》いつき。アイディア。
◆発送《はっそう》…手紙《てがみ》や荷物《にもつ》などを送《おく》りだすこと。
◇名言《めいげん》…すぐれたことば。
◇明言《めいげん》…はっきりということ。
◆様式《ようしき》…きまったやりかたや形《かたち》。
◆洋式《ようしき》…西洋風《せいようふう》のやりかた。

同音異義語《どうおんいぎご》チャレラン

①雨《あめ》のなかであめ玉《だま》ゲット

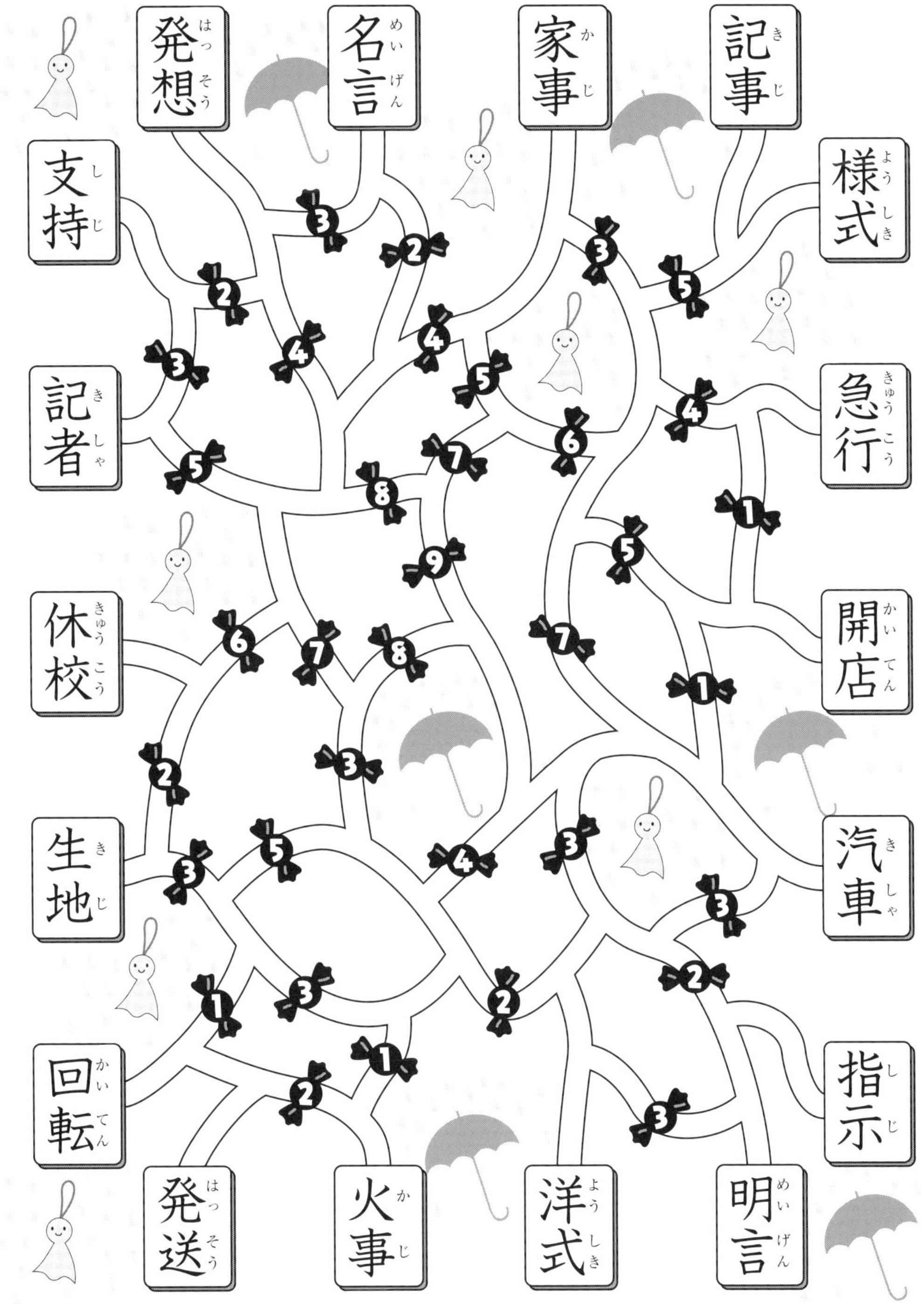

	1回目《かいめ》	2回目《かいめ》	3回目《かいめ》	4回目《かいめ》
さんの得点《とくてん》	点《てん》	点《てん》	点《てん》	点《てん》
さんの得点《とくてん》	点《てん》	点《てん》	点《てん》	点《てん》

勝《か》ったほうに色《いろ》をぬろう!

中級編《ちゅうきゅうへん》 2

同音異義語《どうおんいぎご》チャレラン

②たこを飛《と》ばしてタコをゲット

【ここでつかわれている同音異義語《どうおんいぎご》】

◆器用《きよう》…こまかい手先《てさき》の仕事《しごと》などが上手《じょうず》なこと。ものごとをてぎわよくまとめること。

◆起用《きよう》…今《いま》まで用《もち》いられなかった人《ひと》をとりたてて用《もち》いること。

◇競争《きょうそう》…勝《か》とうとしてたがいにあらそうこと。

◇競走《きょうそう》…走《はし》るはやさをあらそう競技《きょうぎ》。かけっこ。

◆局地《きょくち》…全体《ぜんたい》のなかで一定《いってい》の限《かぎ》られた土地《とち》・地域《ちいき》のこと。

◆極地《きょくち》…さいはての地《ち》のこと。

◇軽量《けいりょう》…目方《めかた》が軽《かる》いこと。

◇計量《けいりょう》…重量《じゅうりょう》や分量《ぶんりょう》などをはかること。

◆航海《こうかい》…船《ふね》で海《うみ》をわたること。

◆公開《こうかい》…人《ひと》びとが自由《じゆう》に見《み》たり聞《き》いたりできるように開放《かいほう》すること。

◇最少《さいしょう》…いちばん少《すく》ないこと。

◇最小《さいしょう》…いちばん小《ちい》さいこと。

◆成果《せいか》…仕事《しごと》や勉強《べんきょう》をしてできあがったよいできばえ。

◆青果《せいか》…野菜《やさい》や果物《くだもの》。

◇対象《たいしょう》…目標《もくひょう》となるもの。

◇対照《たいしょう》…照《て》らしあわせること。

◆天候《てんこう》…天気《てんき》のぐあい。空《そら》もよう。

◆転校《てんこう》…生徒《せいと》、学生《がくせい》がある学校《がっこう》からよその学校《がっこう》へうつること。

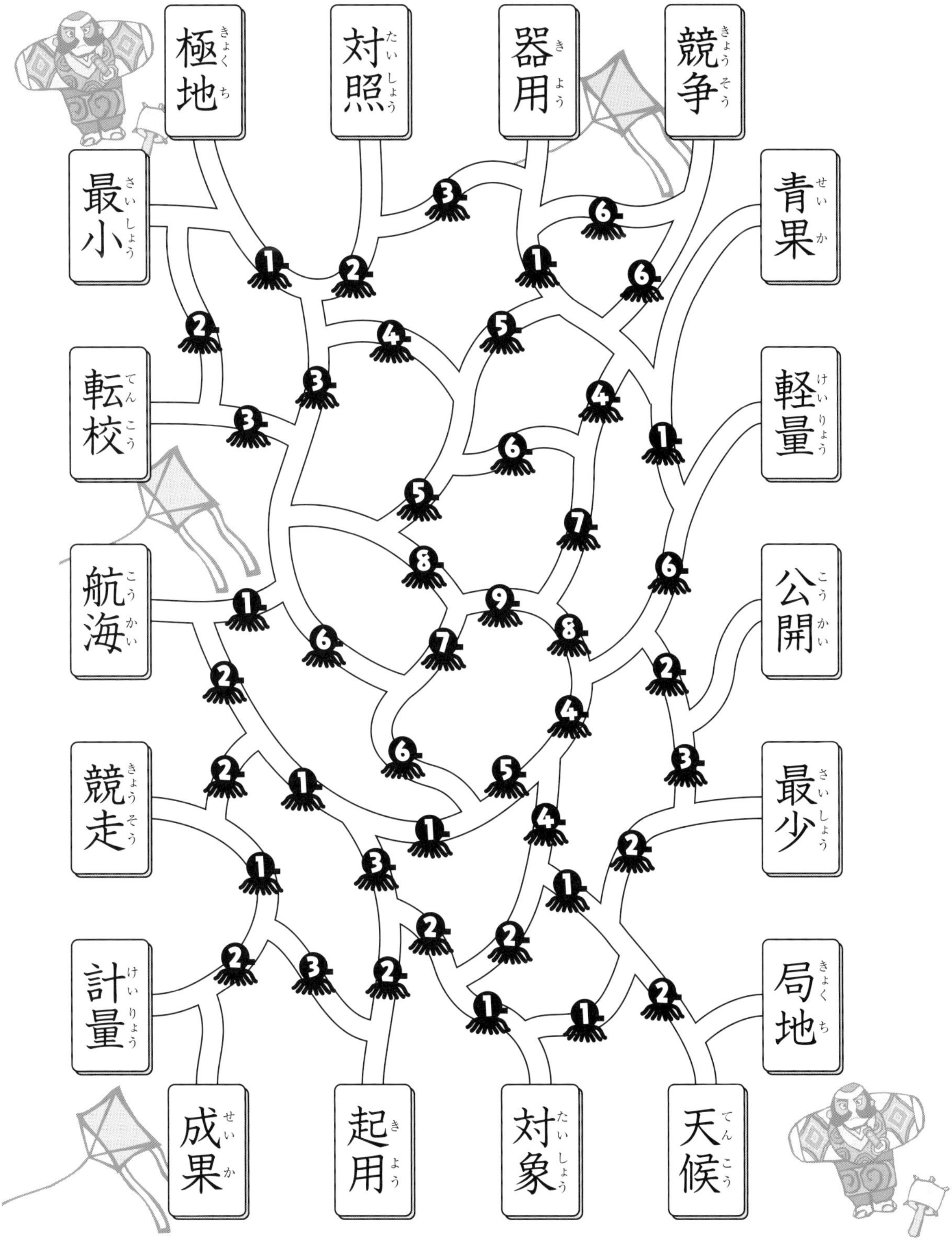

	1回目《かいめ》	2回目《かいめ》	3回目《かいめ》	4回目《かいめ》
さんの得点《とくてん》	点《てん》	点《てん》	点《てん》	点《てん》
さんの得点《とくてん》	点《てん》	点《てん》	点《てん》	点《てん》

勝《か》ったほうに色《いろ》をぬろう!

中級編《ちゅうきゅうへん》 3

四字熟語《よじじゅくご》ツーウェイチャレラン

つなげると四字熟語《よじじゅくご》になる2つのカードが、スタートとゴールになっているチャレランです。数字《すうじ》の大《おお》きい道《みち》を通《とお》ると高《たか》い得点《とくてん》をゲットできます。四字熟語《よじじゅくご》の意味《いみ》は77ページを見《み》てください。

ゲームのやりかた

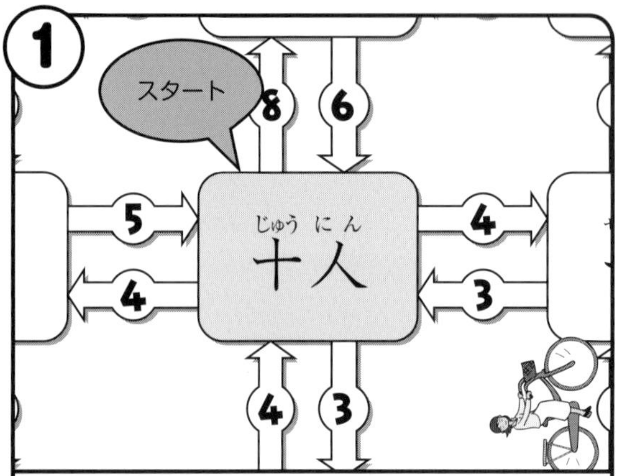

好《す》きなカードを1つえらびます。どこからスタートしてもOK《オーケー》です。

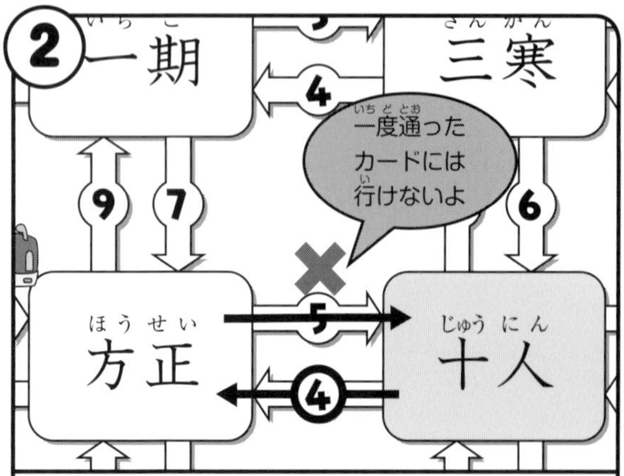

やじるしの向《む》いている方向《ほうこう》に進《すす》んでいきます。通《とお》った道《みち》にかいてある数字《すうじ》に○をつけていきましょう。ただし、一度通《いちどとお》ったカードをもう一度通《いちどとお》ることはできません。

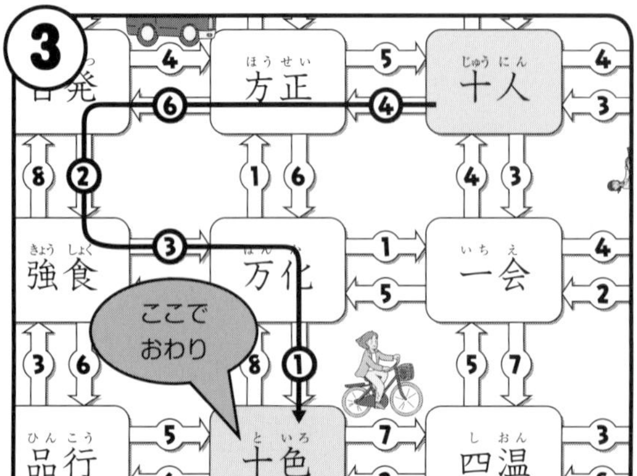

スタート地点《ちてん》のカードとくみあわせて正《ただ》しい四字《よじ》熟語《じゅくご》をつくることのできるカードがゴールになります（十人《じゅうにん》→十色《といろ》）。

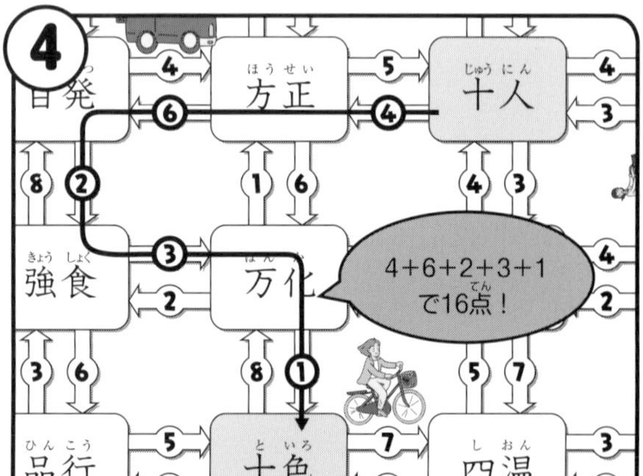

ゴールまでに通《とお》った道《みち》にかいてあった数字《すうじ》の合計《ごうけい》が得点《とくてん》です。

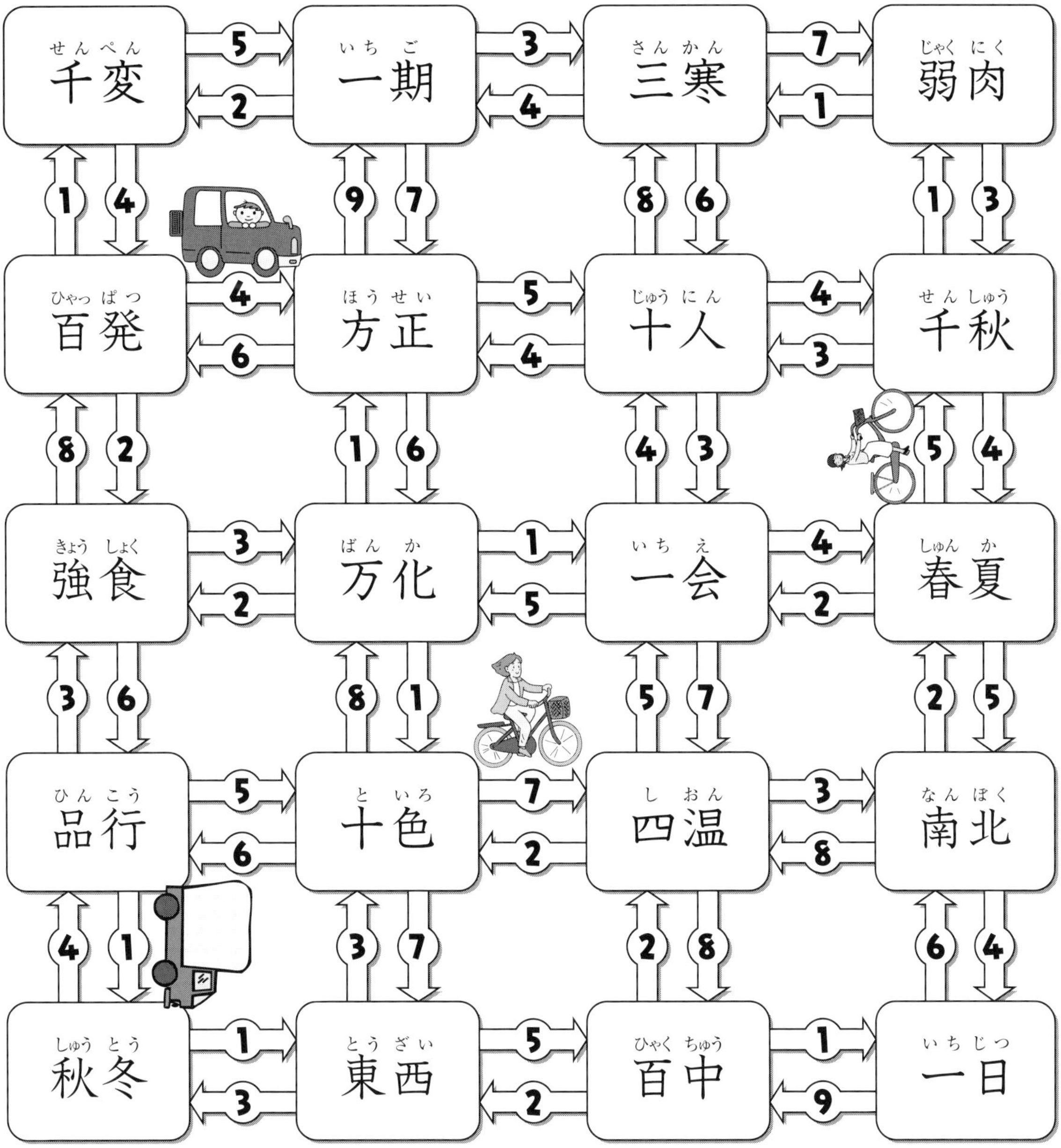

【ここでつかわれている四字熟語《よじじゅくご》】

千変万化《せんぺんばんか》　一期一会《いちごいちえ》　品行方正《ひんこうほうせい》　春夏秋冬《しゅんかしゅうとう》　三寒四温《さんかんしおん》

東西南北《とうざいなんぼく》　弱肉強食《じゃくにくきょうしょく》　一日千秋《いちじつせんしゅう》　百発百中《ひゃっぱつひゃくちゅう》　十人十色《じゅうにんといろ》

	1回目《かいめ》	2回目《かいめ》	3回目《かいめ》	4回目《かいめ》
さんの得点《とくてん》	点《てん》	点《てん》	点《てん》	点《てん》
さんの得点《とくてん》	点《てん》	点《てん》	点《てん》	点《てん》

勝《か》ったほうに色《いろ》をぬろう!

中級編《ちゅうきゅうへん》 4 熟《じゅく》語《ご》魚《さかな》つりチャレラン

①3年生《ねんせい》までにならう漢字《かんじ》

やりかたは30ページのチャレランといっしょです。魚《さかな》の数《かず》がふえたので、できる熟語《じゅくご》の数《かず》も多《おお》くなりました。

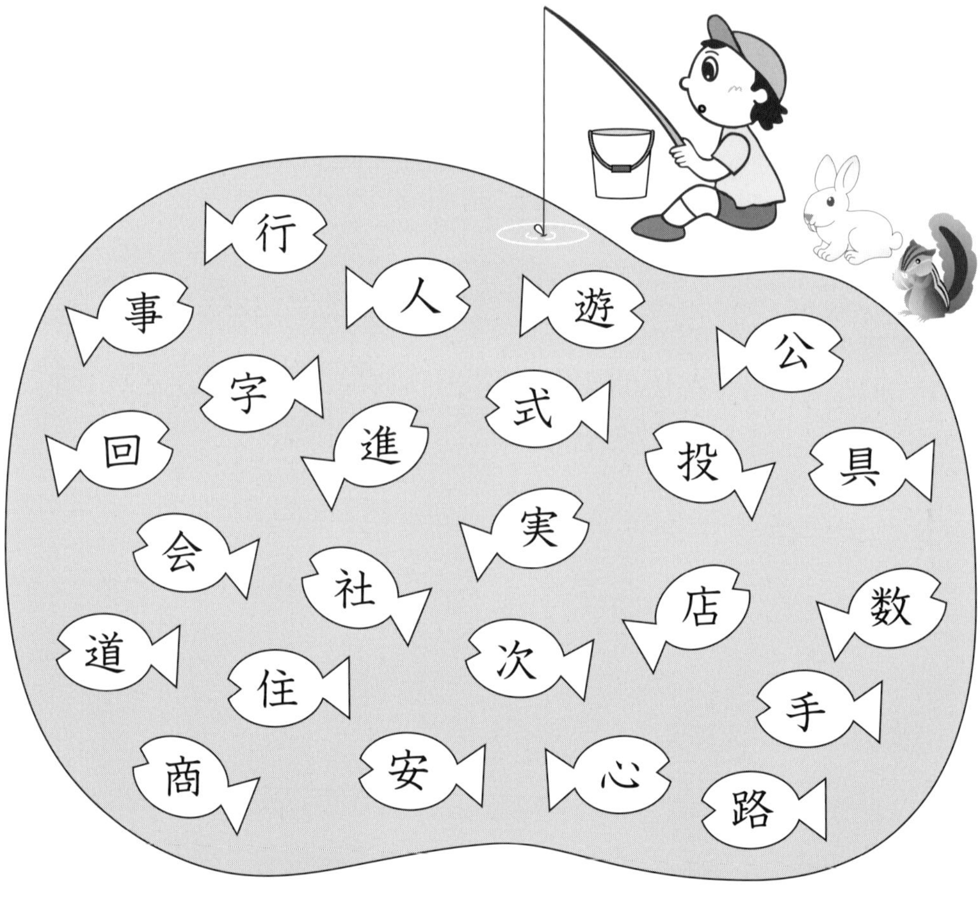

	1回目《かいめ》	2回目《かいめ》	3回目《かいめ》	4回目《かいめ》
さんの得点《とくてん》	点《てん》	点《てん》	点《てん》	点《てん》
さんの得点《とくてん》	点《てん》	点《てん》	点《てん》	点《てん》

勝《か》ったほうに色《いろ》をぬろう!

熟《じゅく》語《こ》魚《さかな》つりチャレラン

②4年生《ねんせい》までにならう漢字《かんじ》

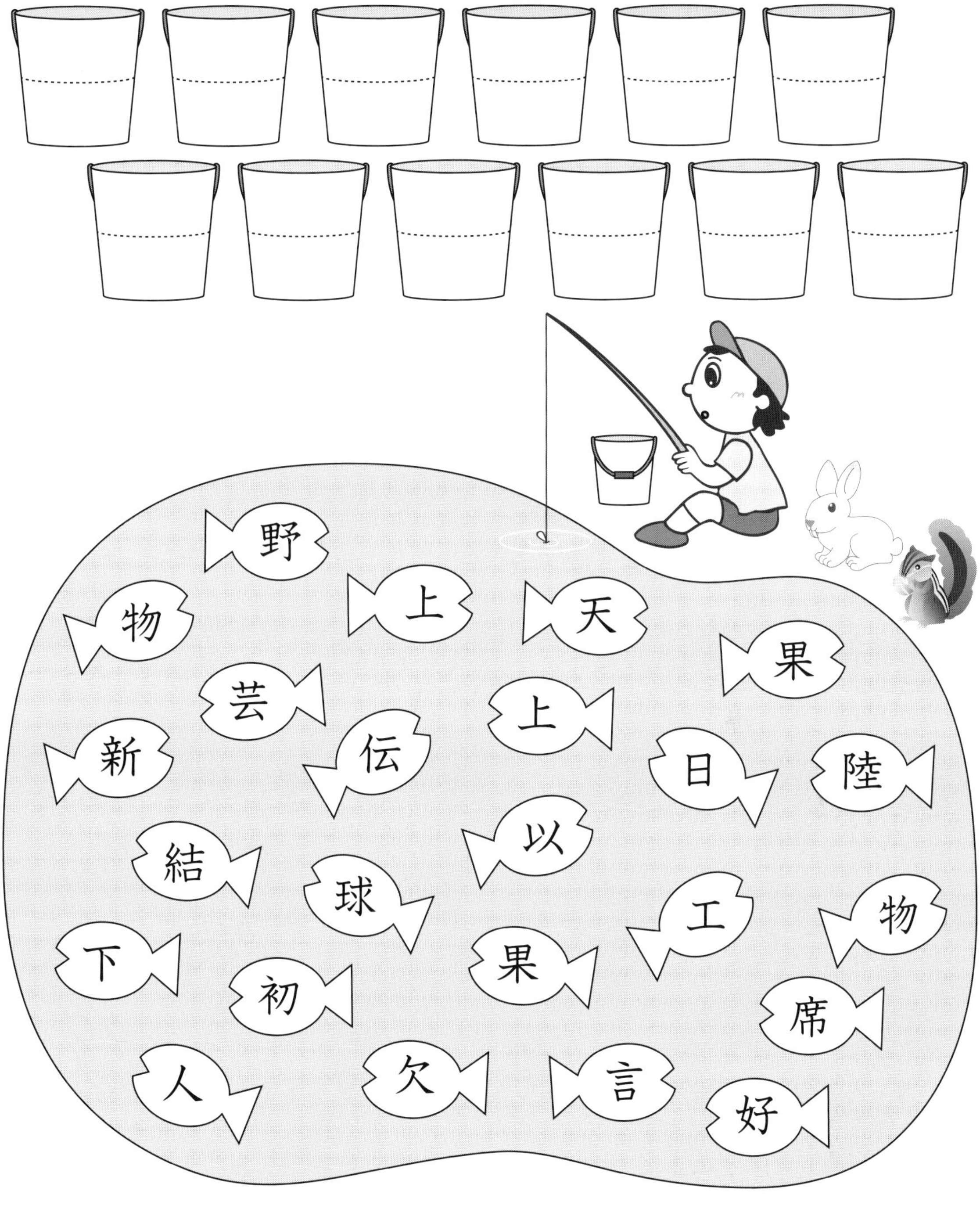

	1回《かい》目《め》	2回《かい》目《め》	3回《かい》目《め》	4回《かい》目《め》
さんの得点《とくてん》	点《てん》	点《てん》	点《てん》	点《てん》
さんの得点《とくてん》	点《てん》	点《てん》	点《てん》	点《てん》

勝《か》ったほうに色《いろ》をぬろう!

中級編《ちゅうきゅうへん》 5

同意語《どういご》ペアづくりチャレラン

ひろったカードのなかで、同意語《どういご》（おなじ意味《いみ》をもつことば）のペアがいくつできるかを競《きそ》うチャレランです。むだなカードをとらないように注意《ちゅうい》して、できるだけたくさんのペアをつくりましょう。

ゲームのやりかた

1

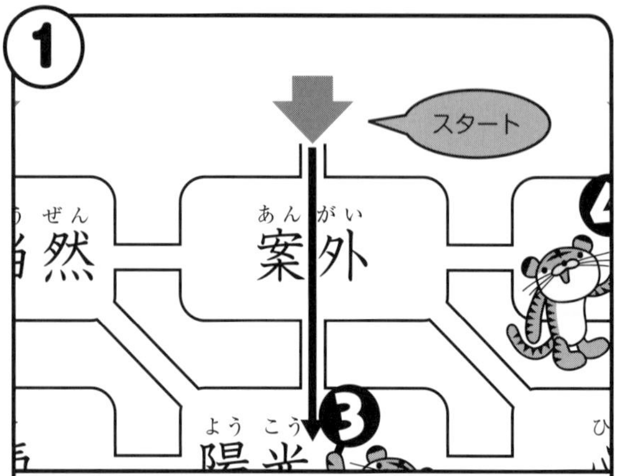

めいろの上《うえ》と下《した》にやじるしのついた入口《いりぐち》があります。そのなかから好《す》きな入口《いりぐち》をえらんでめいろに入《はい》ります。

2

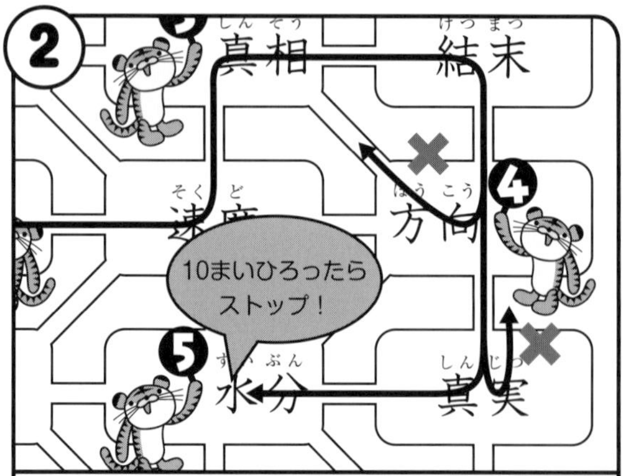

めいろを進《すす》みながらカードをひろっていきます。一度《いちど》通《とお》ったところをもう一度《いちど》通《とお》ったり、バックしたりしてはいけません。カードを10まいひろったら、そこでストップします。

3

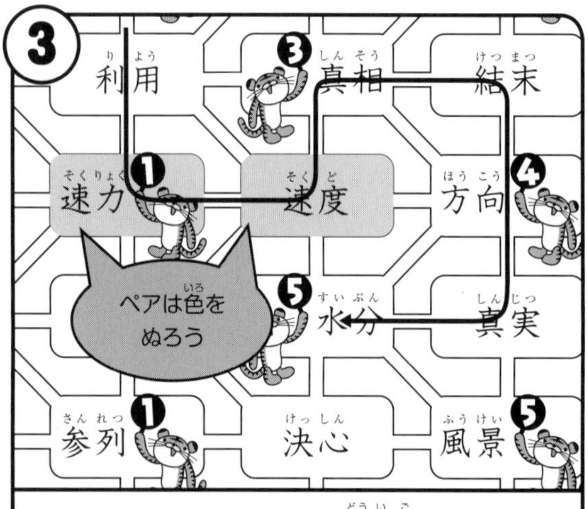

ひろったカードのなかから、同意語《どういご》がかいてあるカードのペアを見《み》つけましょう。

4

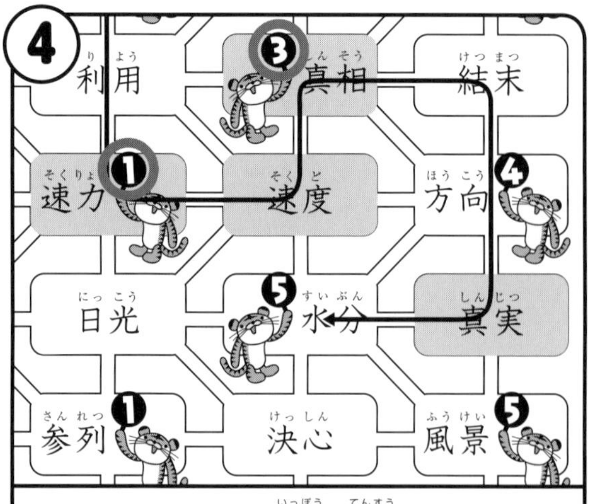

ペアになったカードの一方《いっぽう》に点数《てんすう》がかいてあります。自分《じぶん》がつくったペアの点数《てんすう》をぜんぶ合計《ごうけい》したものが得点《とくてん》になります。

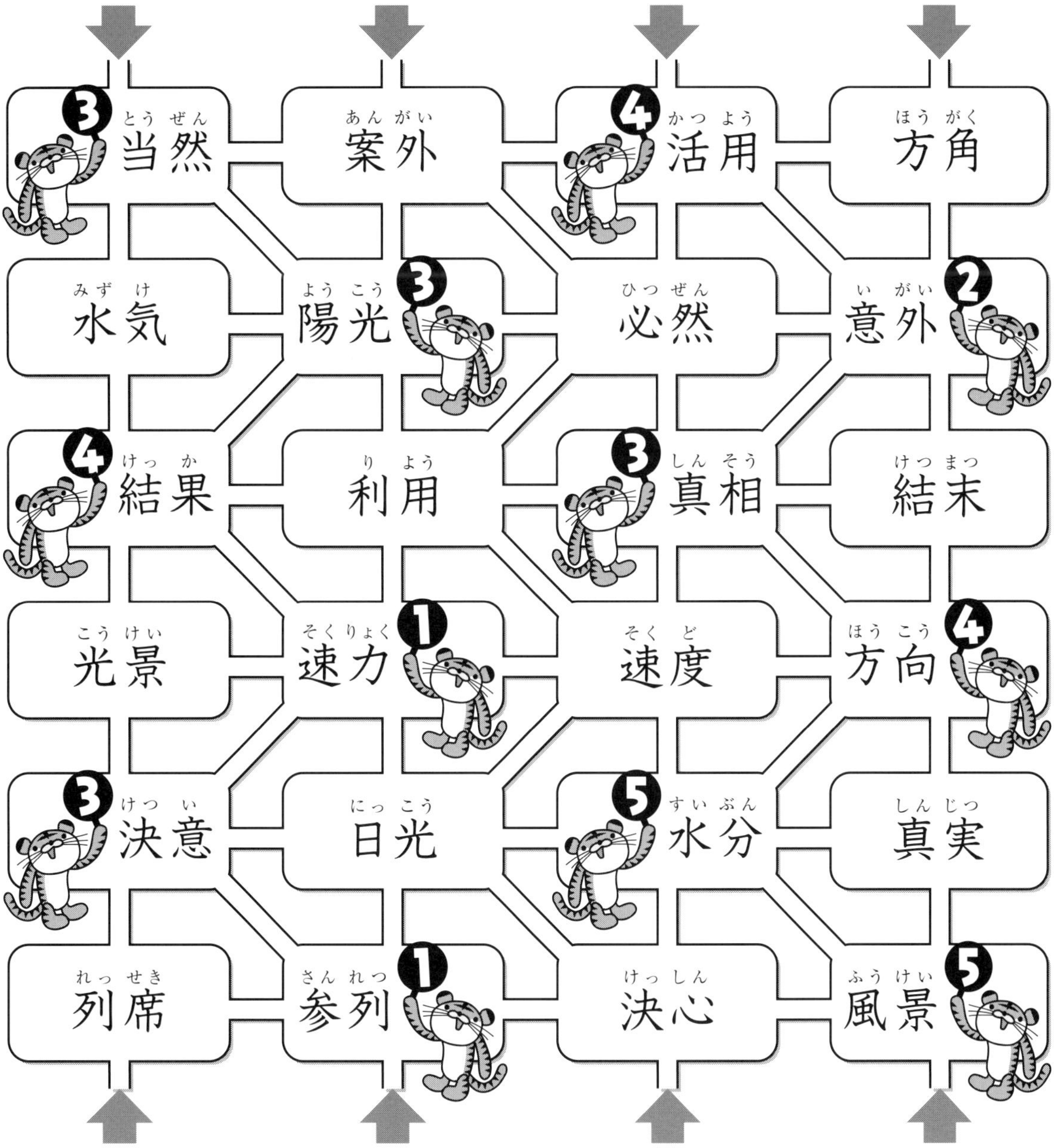

【ここでつかわれている同意語《どういご》】

当然《とうぜん》 — 必然《ひつぜん》　案外《あんがい》 — 意外《いがい》　活用《かつよう》 — 利用《りよう》　方向《ほうこう》 — 方角《ほうがく》　水分《すいぶん》 — 水気《みずけ》
陽光《ようこう》 — 日光《にっこう》　結果《けっか》 — 結末《けつまつ》　真相《しんそう》 — 真実《しんじつ》　光景《こうけい》 — 風景《ふうけい》　速力《そくりょく》 — 速度《そくど》
決意《けつい》 — 決心《けっしん》　参列《さんれつ》 — 列席《れっせき》

	1回目《かいめ》	2回目《かいめ》	3回目《かいめ》	4回目《かいめ》
さんの得点《とくてん》	点《てん》	点《てん》	点《てん》	点《てん》
さんの得点《とくてん》	点《てん》	点《てん》	点《てん》	点《てん》

勝《か》ったほうに色《いろ》をぬろう!

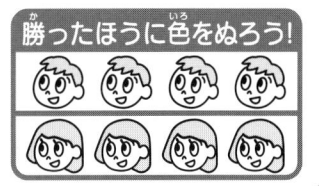

中級編《ちゅうきゅうへん》 6

三字熟語《さんじじゅくご》あみだチャレラン

上《うえ》と下《した》にかいてある漢字《かんじ》をつなげて、できるだけたくさんの三字熟語《さんじじゅくご》をつくりましょう。あみだくじのように進《すす》むチャレランです。どの道《みち》を通《とお》れなくするかがポイント！

ゲームのやりかた

1

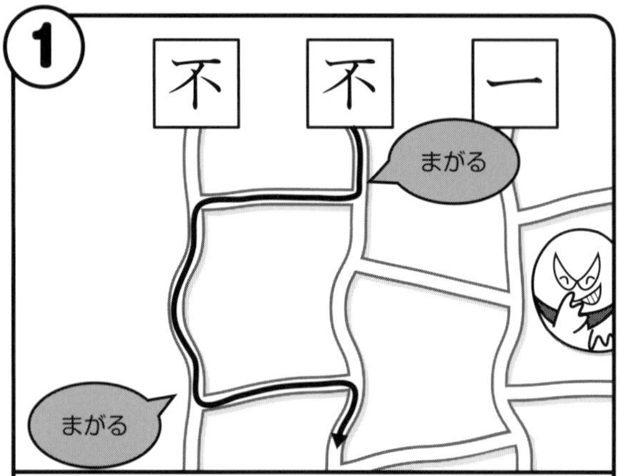

上《うえ》にある漢字《かんじ》と下《した》にある漢字《かんじ》をつなげて、正《ただ》しい三字熟語《さんじじゅくご》をつくります。たてのまっすぐな道《みち》はそのまま進《すす》み、横《よこ》の道《みち》はかならずまがります。

2

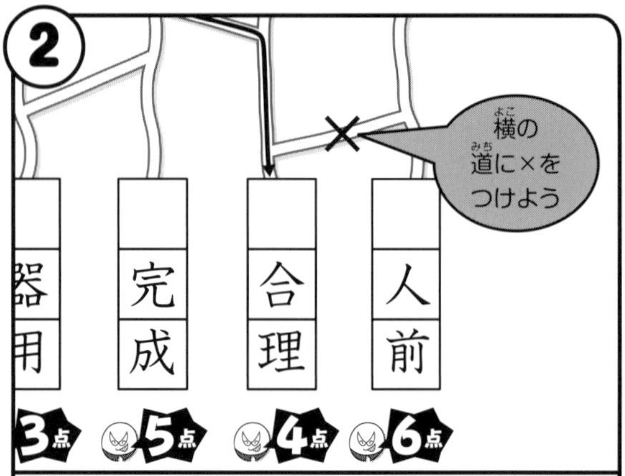

正《ただ》しい三字熟語《さんじじゅくご》をつくれるように、横《よこ》の道《みち》に×をつけて通《とお》れなくします。×はいくつつけてもかまいません。

3

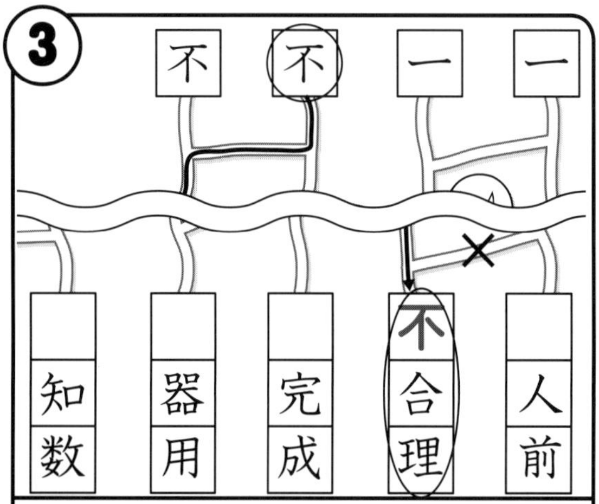

正《ただ》しい三字熟語《さんじじゅくご》ができたら、しるしをつけておきましょう。正《ただ》しい熟語《じゅくご》ができなかったところは、そのままにしておきます。

4

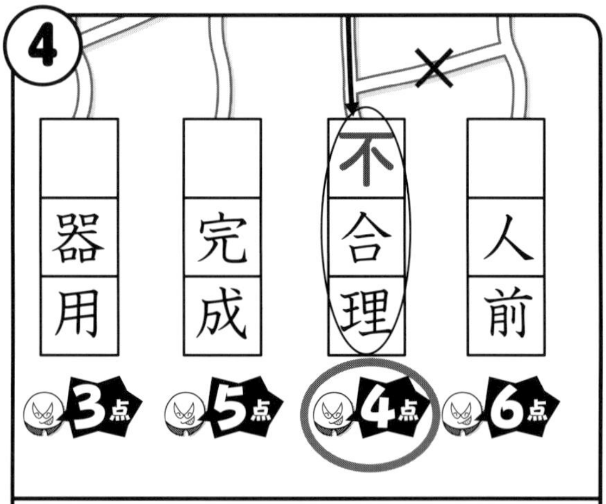

漢字《かんじ》の下《した》には、それぞれ点数《てんすう》がかいてあります。しるしをつけた三字熟語《さんじじゅくご》の下《した》の点数《てんすう》を合計《ごうけい》したものが得点《とくてん》になります。

不	不	一	一	未	未

大事	知数	器用	完成	合理	人前
6点《てん》	2点《てん》	3点《てん》	5点《てん》	4点《てん》	6点《てん》

	1回目《かいめ》	2回目《かいめ》	3回目《かいめ》	4回目《かいめ》
さんの得点《とくてん》	点《てん》	点《てん》	点《てん》	点《てん》
さんの得点《とくてん》	点《てん》	点《てん》	点《てん》	点《てん》

勝《か》ったほうに色《いろ》をぬろう!

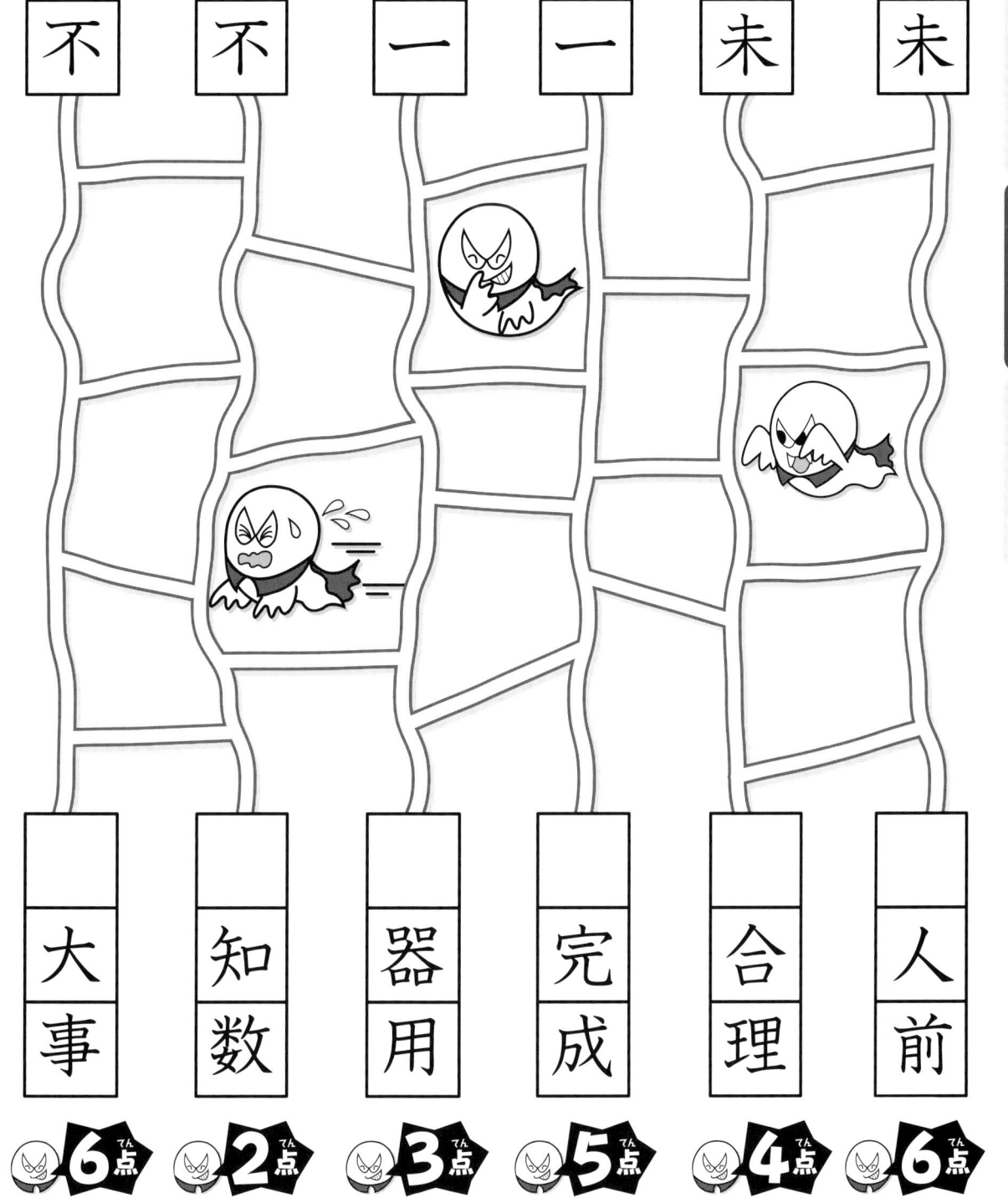

中級編《ちゅうきゅうへん》 7

熟語《じゅくご》タイルチャレラン

① 3年生《ねんせい》までにならう漢字《かんじ》

やりかたは32ページのチャレランといっしょです。ボーナス点《てん》をとれるようにくふうしてみましょう。

橋 1	飲 1	食 2	写 3	祭 2	始 1	平 1	駅 2	早 3	歯 3	帰 2	拾 1
農 3	学 2	何 3	福 1	角 3	上 2	起 1	始 2	家 2	引 2	開 1	車 1
川 2	集 1	育 2	字 2	館 2	球 2	弓 3	業 2	漢 1	商 1	委 1	化 2
村 3	線 3	寒 2	田 3	使 2	神 1	里 2	横 3	地 1	皿 1	一 2	回 2
草 3	笛 1	者 1	会 3	様 2	次 1	指 2	絵 1	活 2	長 2	曲 2	丸 3
遠 3	身 2	温 2	童 2	夏 3	汽 2	階 1	院 1	天 3	雲 1	油 3	岸 3
医 1	客 2	幸 3	荷 1	帳 1	主 1	州 1	持 2	画 2	園 1	赤 2	仕 1
泳 1	悪 3	太 2	面 1	手 2	楽 1	生 3	取 2	感 2	科 3	央 1	船 1

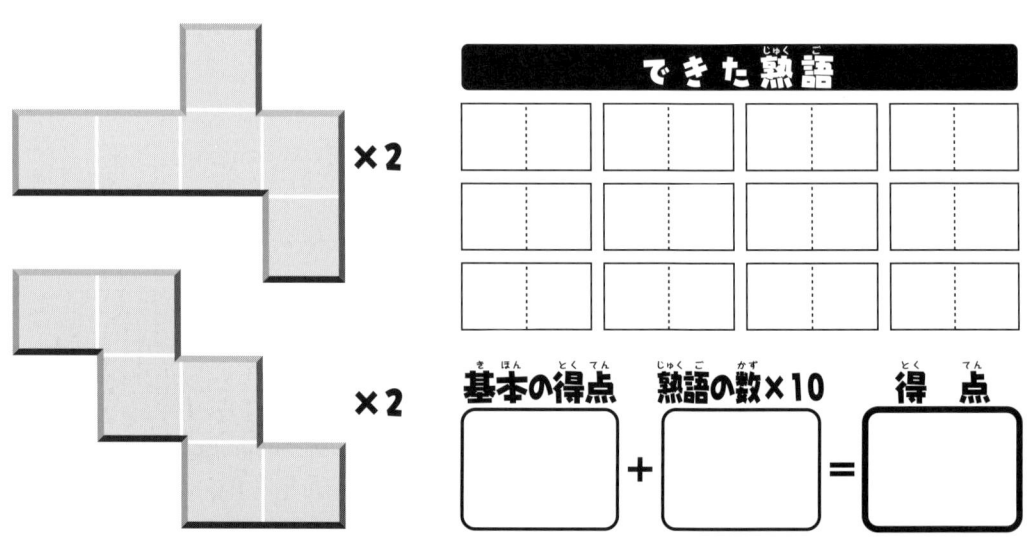

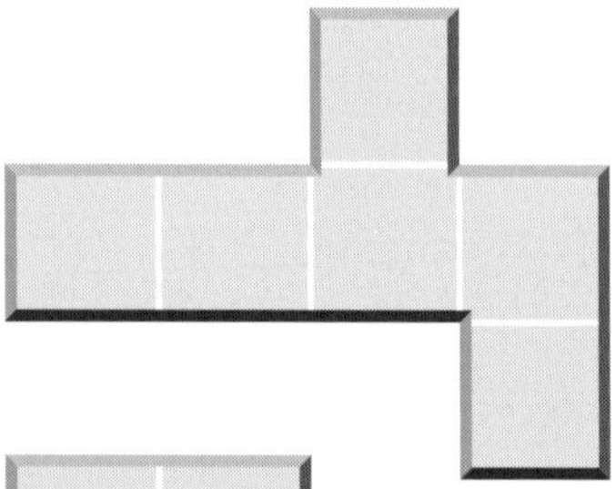
×2

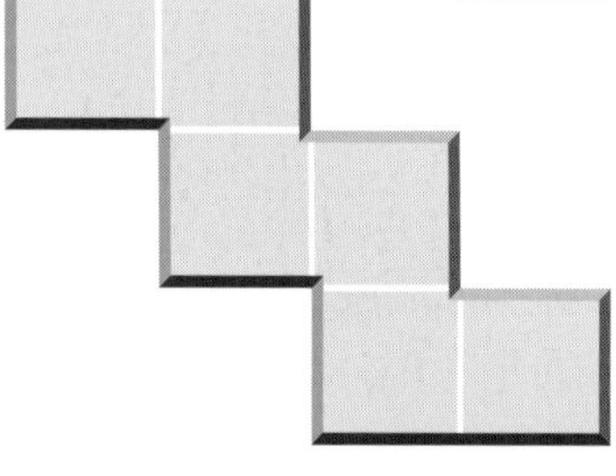
×2

できた熟語《じゅくご》

基本《きほん》の得点《とくてん》 + 熟語《じゅくご》の数《かず》×10 = 得《とく》 点《てん》

	1回目《かいめ》	2回目《かいめ》	3回目《かいめ》	4回目《かいめ》
さんの得点《とくてん》	点《てん》	点《てん》	点《てん》	点《てん》
さんの得点《とくてん》	点《てん》	点《てん》	点《てん》	点《てん》

勝《か》ったほうに色《いろ》をぬろう!

熟語《じゅくご》タイルチャレラン

②4年生《ねんせい》までにならう漢字《かんじ》

国 2	昨 1	庫 1	季 3	算 1	争 1	功 2	試 3	愛 2	軽 3	具 1	花 2
車 2	験 2	標 2	戦 3	軍 2	細 2	節 2	材 3	海 1	貯 1	好 1	首 2
以 3	湖 1	完 3	隊 2	秋 3	区 1	社 3	矢 2	木 2	司 2	究 2	全 1
光 1	国 2	社 2	塩 2	栄 3	向 2	省 2	研 3	輪 2	局 2	止 3	歩 2
室 1	子 2	候 1	航 3	工 3	姉 1	熱 3	苦 1	覚 2	週 3	氏 1	告 1
思 3	観 1	君 3	行 1	孫 1	残 3	必 2	胃 2	差 1	本 1	色 2	受 3
紙 2	港 3	宮 1	牧 2	億 1	反 2	失 1	衣 1	械 2	課 2	官 1	歴 2
弱 1	級 2	生 2	草 3	人 2	係 1	県 2	参 1	銀 3	去 1	春 2	関 1

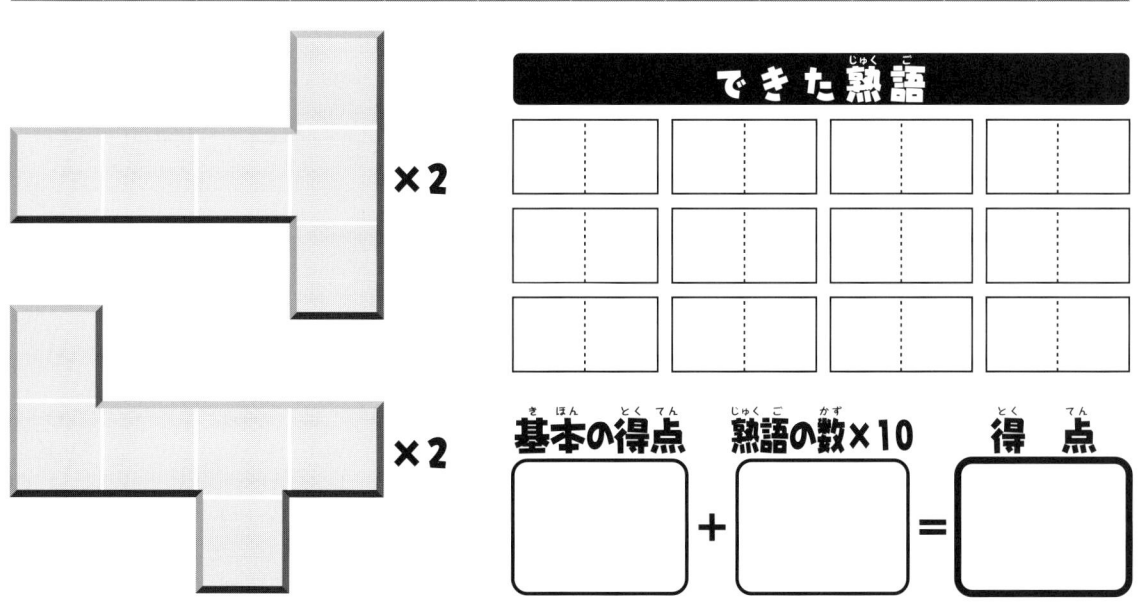

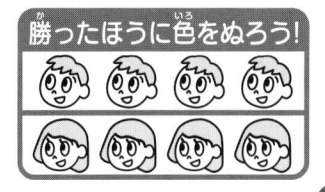

×2

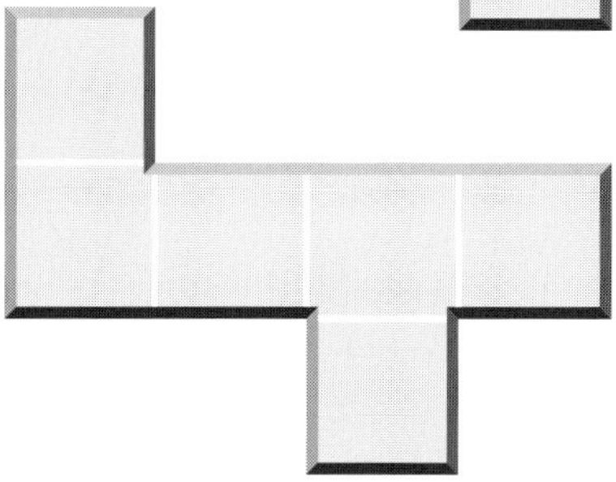

×2

できた熟語《じゅくご》

基本《きほん》の得点《とくてん》 ＋ **熟語《じゅくご》の数《かず》×10** ＝ **得《とく》点《てん》**

	1回目《かいめ》	2回目《かいめ》	3回目《かいめ》	4回目《かいめ》
さんの得点《とくてん》	点《てん》	点《てん》	点《てん》	点《てん》
さんの得点《とくてん》	点《てん》	点《てん》	点《てん》	点《てん》

勝《か》ったほうに色《いろ》をぬろう!

中級編《ちゅうきゅうへん》 8 漢字《かんじ》トレインチャレラン

漢字《かんじ》の二字熟語《にじじゅくご》のしりとりで、できた数《かず》を競《きそ》います。辞書《じしょ》をつかってチャレンジしてもOK《オーケー》です。

ゲームのやりかた

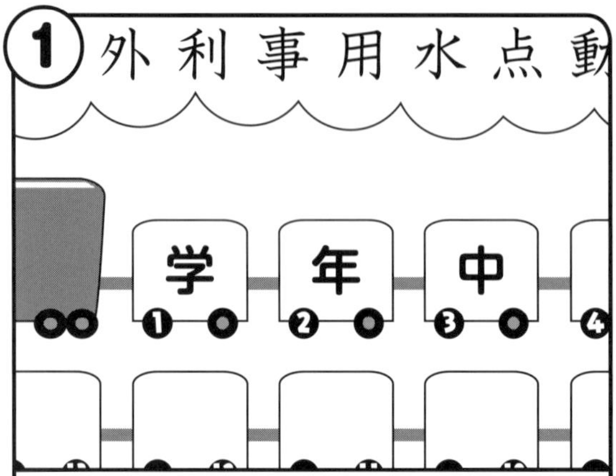

二字熟語《にじじゅくご》をつかって、列車《れっしゃ》をつなげるチャレランです。いくつの列車《れっしゃ》をつなげることができるかを競《きそ》います。

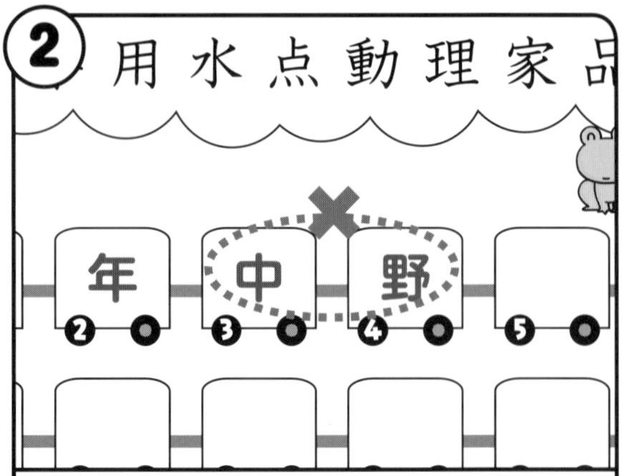

けむりのなかの漢字《かんじ》をつかって、二字熟語《にじじゅくご》のしりとりをしていきます。二字熟語《にじじゅくご》は、辞書《じしょ》にのっているものならなんでもOK《オーケー》です。ただし、固有名詞《こゆうめいし》（人名《じんめい》、地名《ちめい》、商品名《しょうひんめい》など）はつくれません。

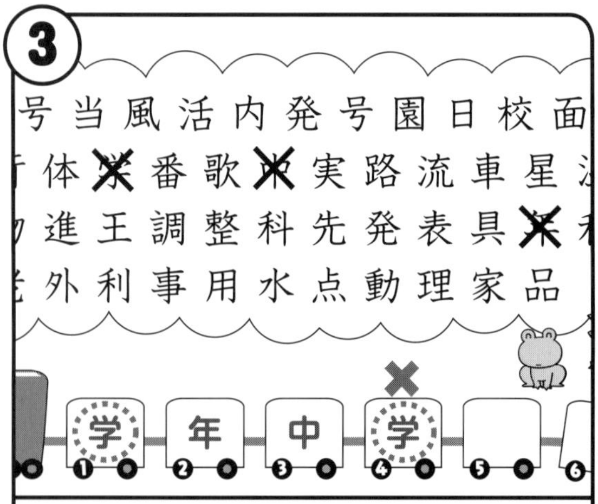

けむりのなかの漢字《かんじ》は、一度《いちど》しかつかうことができません。

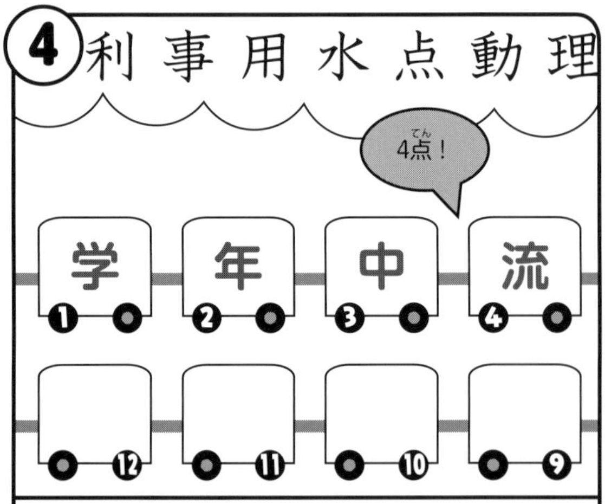

つなげた列車《れっしゃ》の数《かず》が得点《とくてん》です。この例《れい》の場合《ばあい》、「学年《がくねん》」－「年中《ねんじゅう》」－「中流《ちゅうりゅう》」で、4点《てん》となります。

数 道 号 当 風 活 内 発 号 園 日 校 面
作 本 行 体 学 番 歌 中 実 路 流 車 星 温
空 少 物 進 王 調 整 科 先 発 表 具 年 和
青 老 外 利 事 用 水 点 動 理 家 品

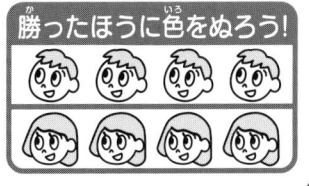

	1回目《かいめ》	2回目《かいめ》	3回目《かいめ》	4回目《かいめ》
さんの得点《とくてん》	点《てん》	点《てん》	点《てん》	点《てん》
さんの得点《とくてん》	点《てん》	点《てん》	点《てん》	点《てん》

勝《か》ったほうに色《いろ》をぬろう!

中級編《ちゅうきゅうへん》 9 四字熟語《よじじゅくご》あみだチャレラン

①3年生《ねんせい》までにならう漢字《かんじ》

46ページの「三字熟語《さんじじゅくご》あみだチャレラン」の四字熟語版《よじじゅくごばん》です。×はいくつつけてもOK《オーケー》です。四字熟語《よじじゅくご》の意味《いみ》は77ページを見《み》てください。

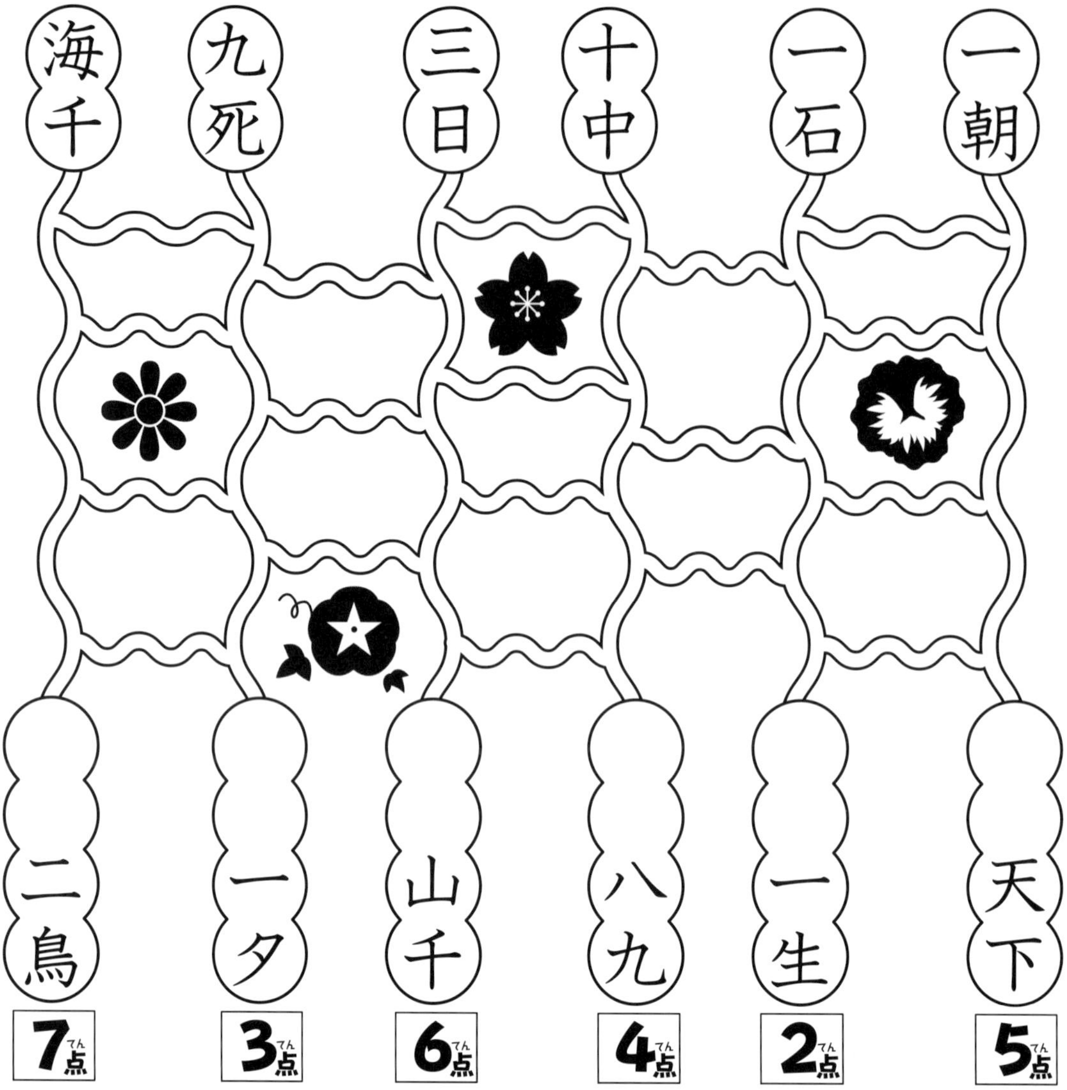

【ここでつかわれている四字熟語《よじじゅくご》】

海千山千《うみせんやません》　一石二鳥《いっせきにちょう》　三日天下《みっかてんか》　九死一生《きゅうしいっしょう》　一朝一夕《いっちょういっせき》　十中八九《じゅっちゅうはっく》

	1回目《かいめ》	2回目《かいめ》	3回目《かいめ》	4回目《かいめ》
さんの得点《とくてん》	点《てん》	点《てん》	点《てん》	点《てん》
さんの得点《とくてん》	点《てん》	点《てん》	点《てん》	点《てん》

勝《か》ったほうに色《いろ》をぬろう!

四字熟語《よじじゅくご》あみだチャレラン

②4年生《ねんせい》までにならう漢字《かんじ》

四	千	以	一	意	完
苦	差	心	長	気	全

万	一	無	投	八	伝
別	短	欠	合	苦	心
7点《てん》	3点《てん》	6点《てん》	4点《てん》	2点《てん》	5点《てん》

【ここでつかわれている四字熟語《よじじゅくご》】

意気投合《いきとうごう》　千差万別《せんさばんべつ》　一長一短《いっちょういったん》　以心伝心《いしんでんしん》　完全無欠《かんぜんむけつ》　四苦八苦《しくはっく》

	1回目《かいめ》	2回目《かいめ》	3回目《かいめ》	4回目《かいめ》
さんの得点《とくてん》	点《てん》	点《てん》	点《てん》	点《てん》
さんの得点《とくてん》	点《てん》	点《てん》	点《てん》	点《てん》

勝《か》ったほうに色《いろ》をぬろう!

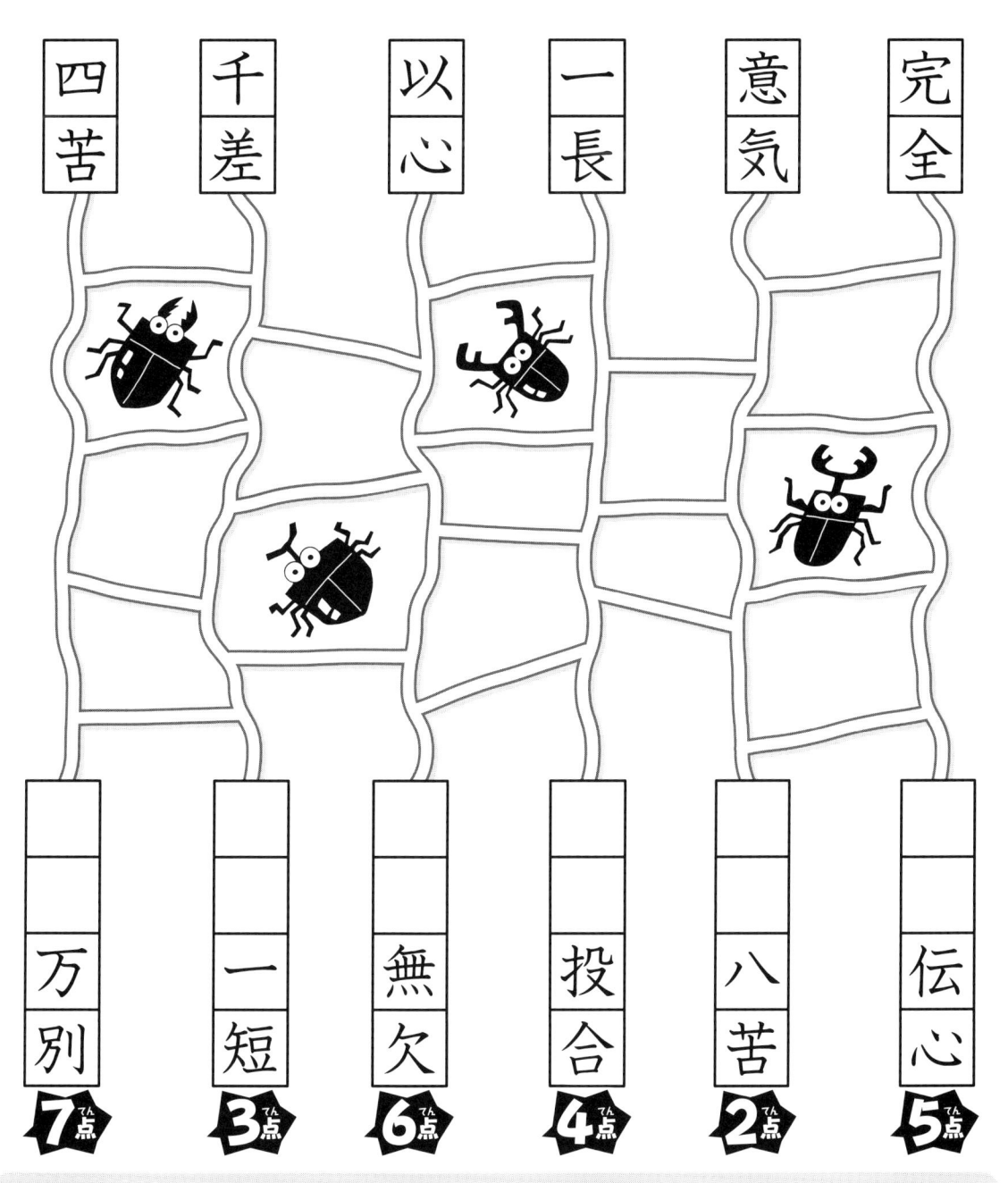

上級編《じょうきゅうへん》 1

花畑《はなばたけ》めいろチャレラン

ここからは上級編《じょうきゅうへん》。チョウになって、植物《しょくぶつ》の名前《なまえ》がかかれた花畑《はなばたけ》を飛《と》びまわります。通《とお》った花《はな》の種類《しゅるい》の数《かず》を競《きそ》うチャレランです。

ゲームのやりかた

1

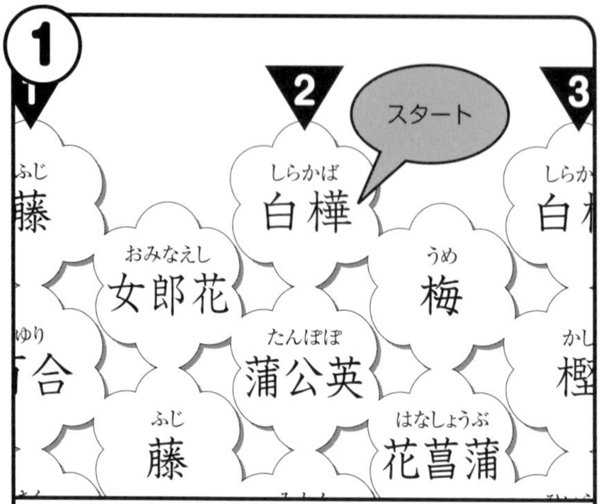

1～6の入口《いりぐち》のなかから好《す》きな場所《ばしょ》をえらんで、スタート地点《ちてん》をきめます。

2

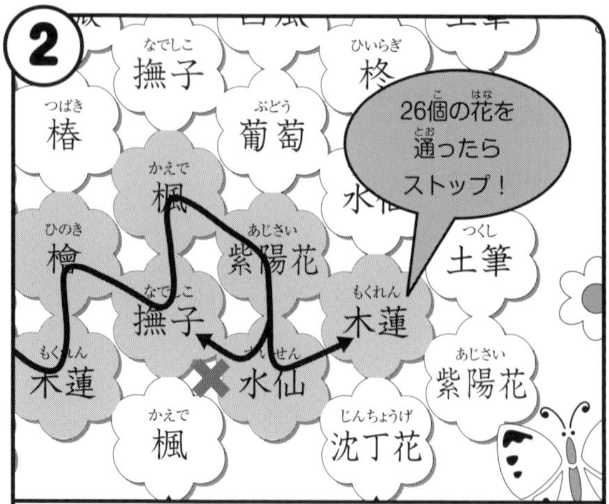

めいろの進《すす》みかたは自由《じゆう》です。ただし、一度通《いちどとお》った花《はな》は通《とお》れません。通《とお》った花《はな》の数《かず》がぜんぶで26になったところでストップします。

3

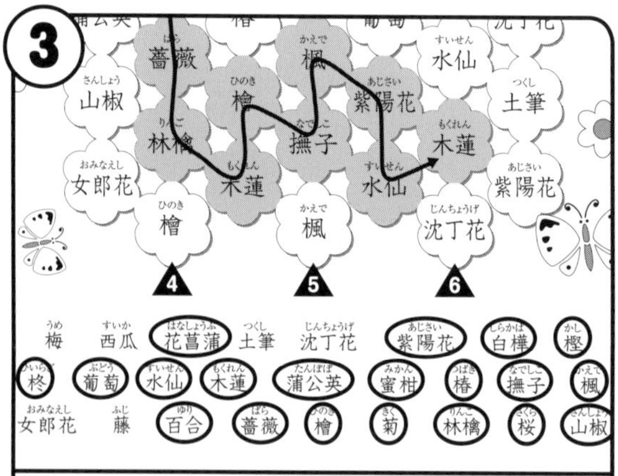

下《した》の表《ひょう》を見《み》ながら、通《とお》った花《はな》にかいてある植物《しょくぶつ》の名前《なまえ》に○をつけていきます。おなじ植物《しょくぶつ》の名前《なまえ》がかいてある花《はな》を通《とお》った場合《ばあい》は、○は１つしかつけられません。

4

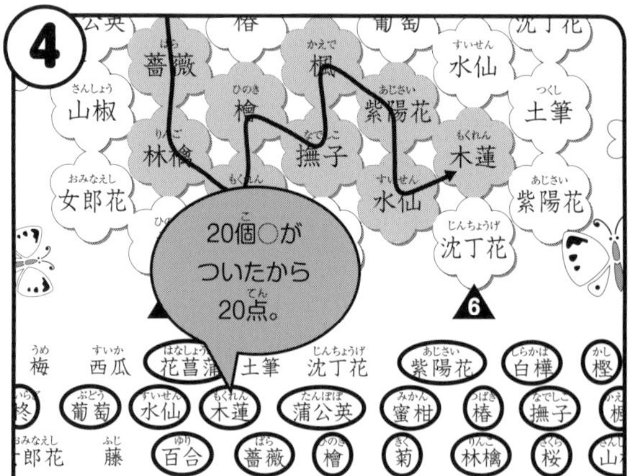

最後《さいご》に得点《とくてん》の計算《けいさん》をします。下《した》の表《ひょう》につけた○の数《かず》をかぞえましょう。その数《かず》が得点《とくてん》になります。

1　2　3

藤《ふじ》　白樺《しらかば》　白樺《しらかば》

菊《きく》　女郎花《おみなえし》　梅《うめ》　梅《うめ》

百合《ゆり》　蒲公英《たんぽぽ》　樫《かし》

蜜柑《みかん》　藤《ふじ》　花菖蒲《はなしょうぶ》　西瓜《すいか》

菊《きく》　蜜柑《みかん》　柊《ひいらぎ》

桜《さくら》　百合《ゆり》　樫《かし》　花菖蒲《はなしょうぶ》

林檎《りんご》　椿《つばき》　葡萄《ぶどう》

山椒《さんしょう》　薔薇《ばら》　西瓜《すいか》　土筆《つくし》

桜《さくら》　撫子《なでしこ》　柊《ひいらぎ》

蒲公英《たんぽぽ》　椿《つばき》　葡萄《ぶどう》　沈丁花《じんちょうげ》

薔薇《ばら》　楓《かえで》　水仙《すいせん》

山椒《さんしょう》　檜《ひのき》　紫陽花《あじさい》　土筆《つくし》

林檎《りんご》　撫子《なでしこ》　木蓮《もくれん》

女郎花《おみなえし》　木蓮《もくれん》　水仙《すいせん》　紫陽花《あじさい》

檜《ひのき》　楓《かえで》　沈丁花《じんちょうげ》

4　5　6

梅《うめ》　西瓜《すいか》　花菖蒲《はなしょうぶ》　土筆《つくし》　沈丁花《じんちょうげ》　紫陽花《あじさい》　白樺《しらかば》　樫《かし》

柊《ひいらぎ》　葡萄《ぶどう》　水仙《すいせん》　木蓮《もくれん》　蒲公英《たんぽぽ》　蜜柑《みかん》　椿《つばき》　撫子《なでしこ》　楓《かえで》

女郎花《おみなえし》　藤《ふじ》　百合《ゆり》　薔薇《ばら》　檜《ひのき》　菊《きく》　林檎《りんご》　桜《さくら》　山椒《さんしょう》

	1回目《かいめ》	2回目《かいめ》	3回目《かいめ》	4回目《かいめ》
さんの得点《とくてん》	点《てん》	点《てん》	点《てん》	点《てん》
さんの得点《とくてん》	点《てん》	点《てん》	点《てん》	点《てん》

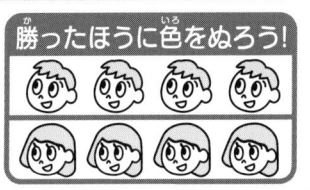

勝《か》ったほうに色《いろ》をぬろう!

初級編

中級編

上級編《じょうきゅうへん》

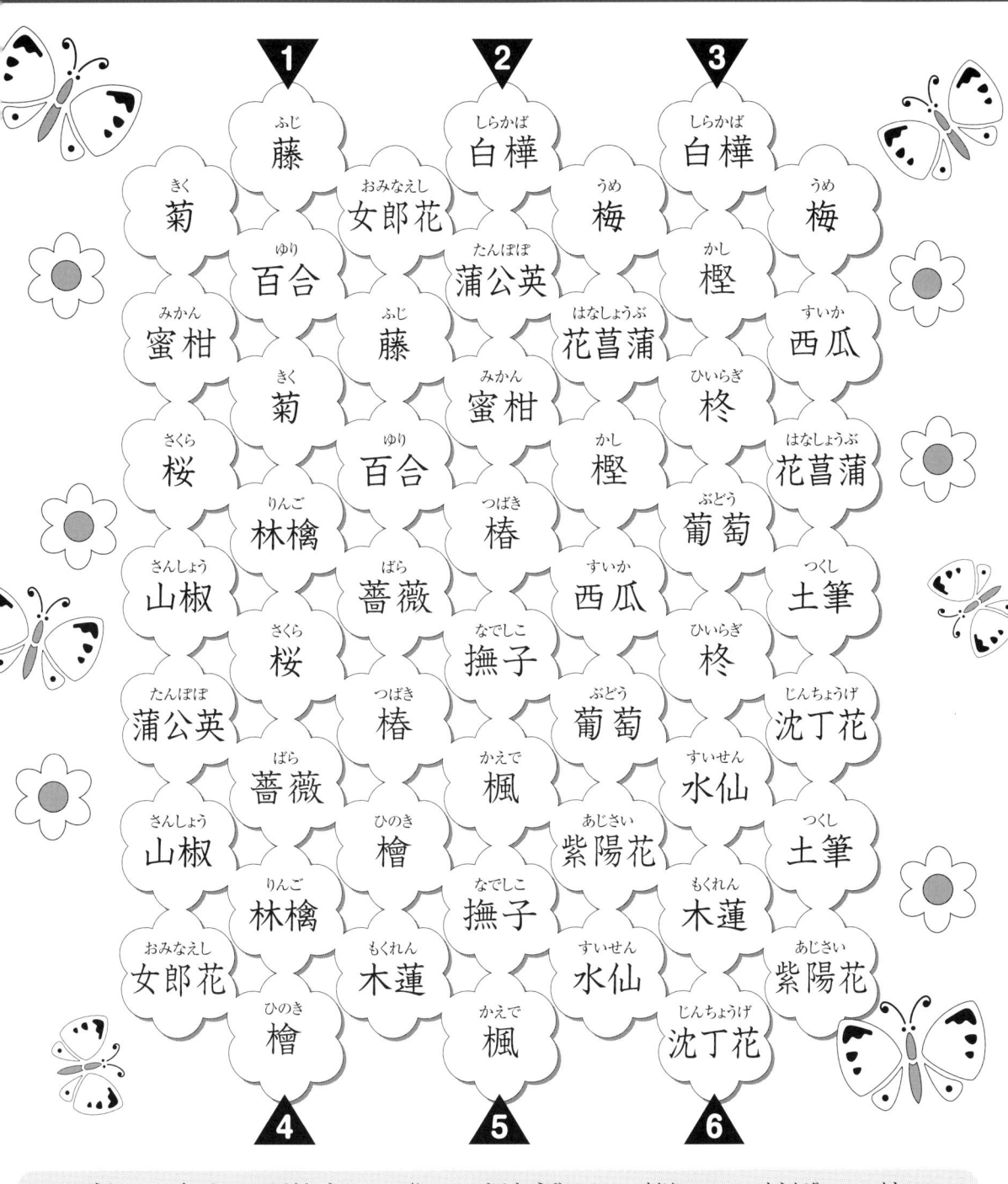

上級編《じょうきゅうへん》 2

同音異義語《どうおんいぎご》めいろチャレラン

やりかたは36ページのチャレランといっしょです。大《おお》きな数《かず》の道《みち》を通《とお》って、高得点《こうとくてん》をねらいましょう！

【ここでつかわれている同音異義語《どうおんいぎご》】

◆機会《きかい》…なにかをするのによいときのこと。

◆機械《きかい》…動力《どうりょく》によって一定《いってい》の運動《うんどう》・仕事《しごと》をするもの。

◇決行《けっこう》…きめたことを思《おも》いきってすること。

◇結構《けっこう》…すばらしい。それ以上必要《いじょうひつよう》としないさま。

◆減少《げんしょう》…へってすくなくなること。

◆現象《げんしょう》…目《め》や耳《みみ》などの感覚《かんかく》によってとらえられるすべてのもの。

◇減量《げんりょう》…分量《ぶんりょう》がへること。

◇原料《げんりょう》…ものを製造《せいぞう》、加工《かこう》する元《もと》になる材料《ざいりょう》。

◆公園《こうえん》…多《おお》くの人《ひと》が休《やす》んだりたのしんだりするためにつくられた、いこいの場所《ばしょ》。

◆講演《こうえん》…あるテーマについて大勢《おおぜい》の人《ひと》に向《む》かって話《はな》すこと。

◇採集《さいしゅう》…動物《どうぶつ》・植物《しょくぶつ》・鉱物《こうぶつ》などをさがしてとりあつめること。

◇最終《さいしゅう》…いちばんおわりのこと。

◆習慣《しゅうかん》…いつもするようになったこと。しきたり。

◆週間《しゅうかん》…日曜日《にちようび》から土曜日《どようび》までの7日間《なのかかん》。

◇低下《ていか》…ものごとの度合《どあ》いがひくくなること。程度《ていど》がわるくなること。

◇定価《ていか》…売《う》る品物《しなもの》につけてあるきまったねだん。

◆電灯《でんとう》…電気《でんき》で光《ひか》る照明器具《しょうめいきぐ》。明《あ》かり。

◆伝統《でんとう》…むかしから伝《つた》えられてきたかんがえかたやしきたり。

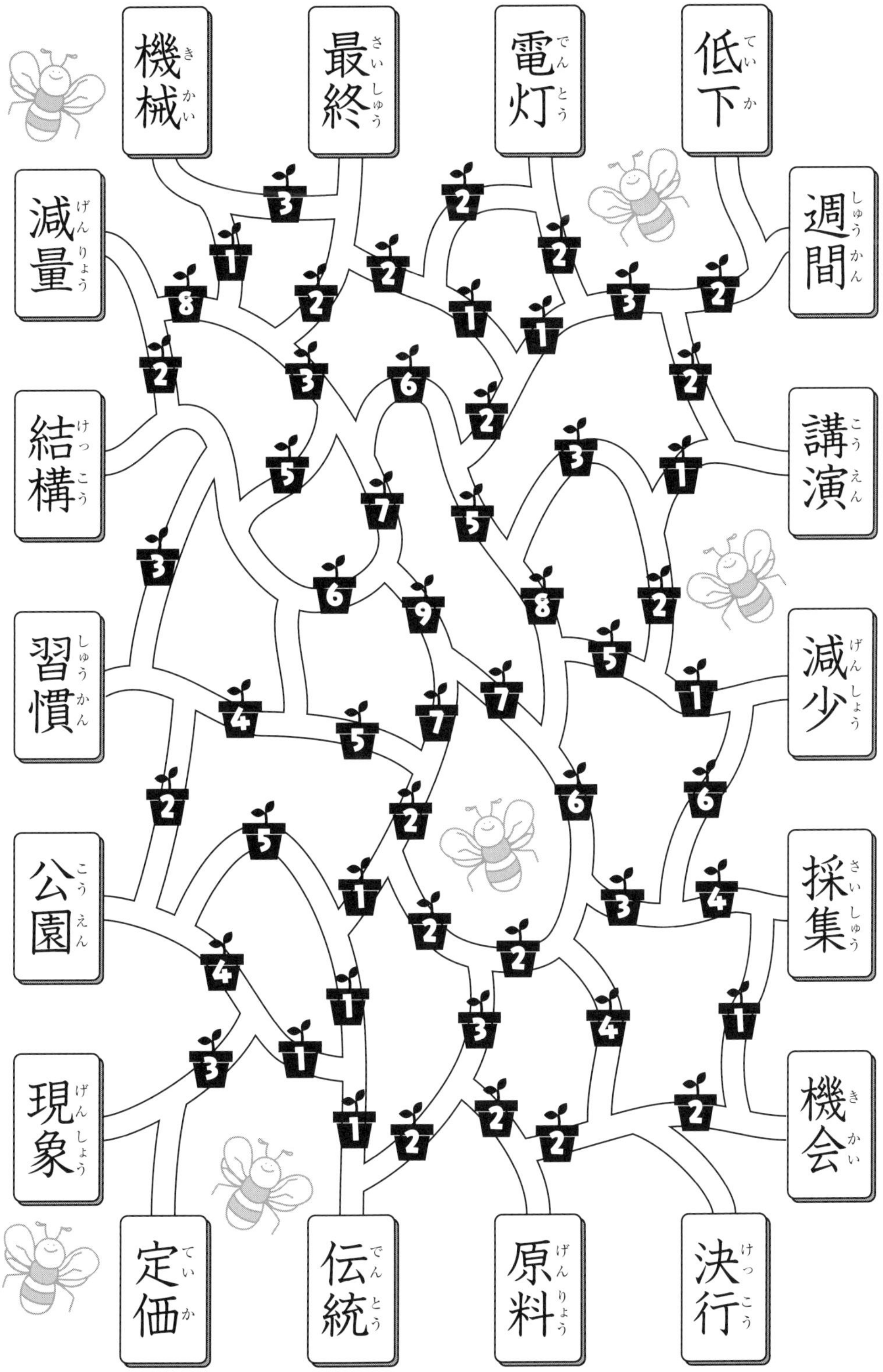

	1回目《かいめ》	2回目《かいめ》	3回目《かいめ》	4回目《かいめ》
さんの得点《とくてん》	点《てん》	点《てん》	点《てん》	点《てん》
さんの得点《とくてん》	点《てん》	点《てん》	点《てん》	点《てん》

勝《か》ったほうに色《いろ》をぬろう!

上級編《じょうきゅうへん》 3

四字熟語《よじじゅくご》ツーウェイチャレラン

①5年生《ねんせい》までにならう漢字《かんじ》

やりかたは40ページのチャレランといっしょです。四字熟語《よじじゅくご》の意味《いみ》は77〜78ページを見《み》てみましょう。

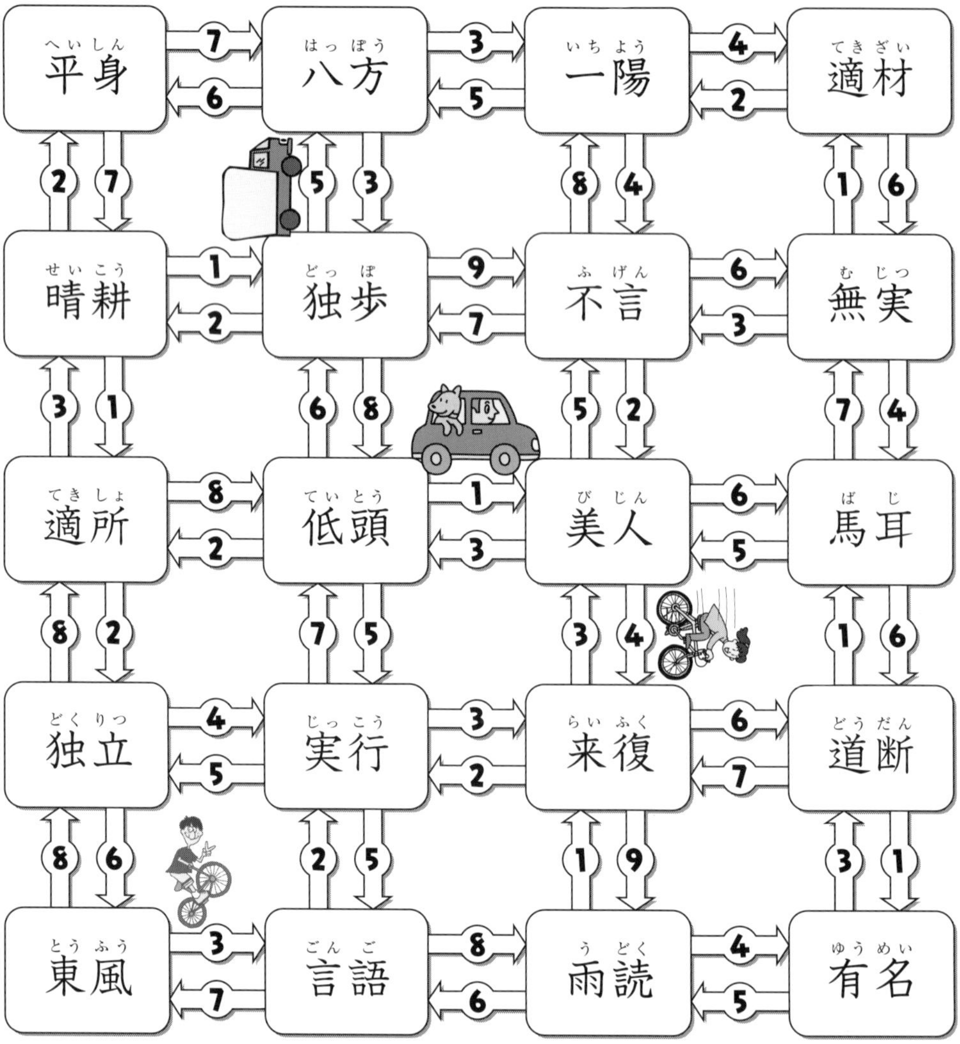

【ここでつかわれている四字熟語《よじじゅくご》】

平身低頭《へいしんていとう》	八方美人《はっぽうびじん》	独立独歩《どくりつどっぽ》	馬耳東風《ばじとうふう》	一陽来復《いちようらいふく》
言語道断《ごんごどうだん》	適材適所《てきざいてきしょ》	有名無実《ゆうめいむじつ》	晴耕雨読《せいこううどく》	不言実行《ふげんじっこう》

	1回目《かいめ》	2回目《かいめ》	3回目《かいめ》	4回目《かいめ》
さんの得点《とくてん》	点《てん》	点《てん》	点《てん》	点《てん》
さんの得点《とくてん》	点《てん》	点《てん》	点《てん》	点《てん》

勝《か》ったほうに色《いろ》をぬろう!

四字熟語《よじじゅくご》ツーウェイチャレラン

②6年生《ねんせい》までにならう漢字《かんじ》

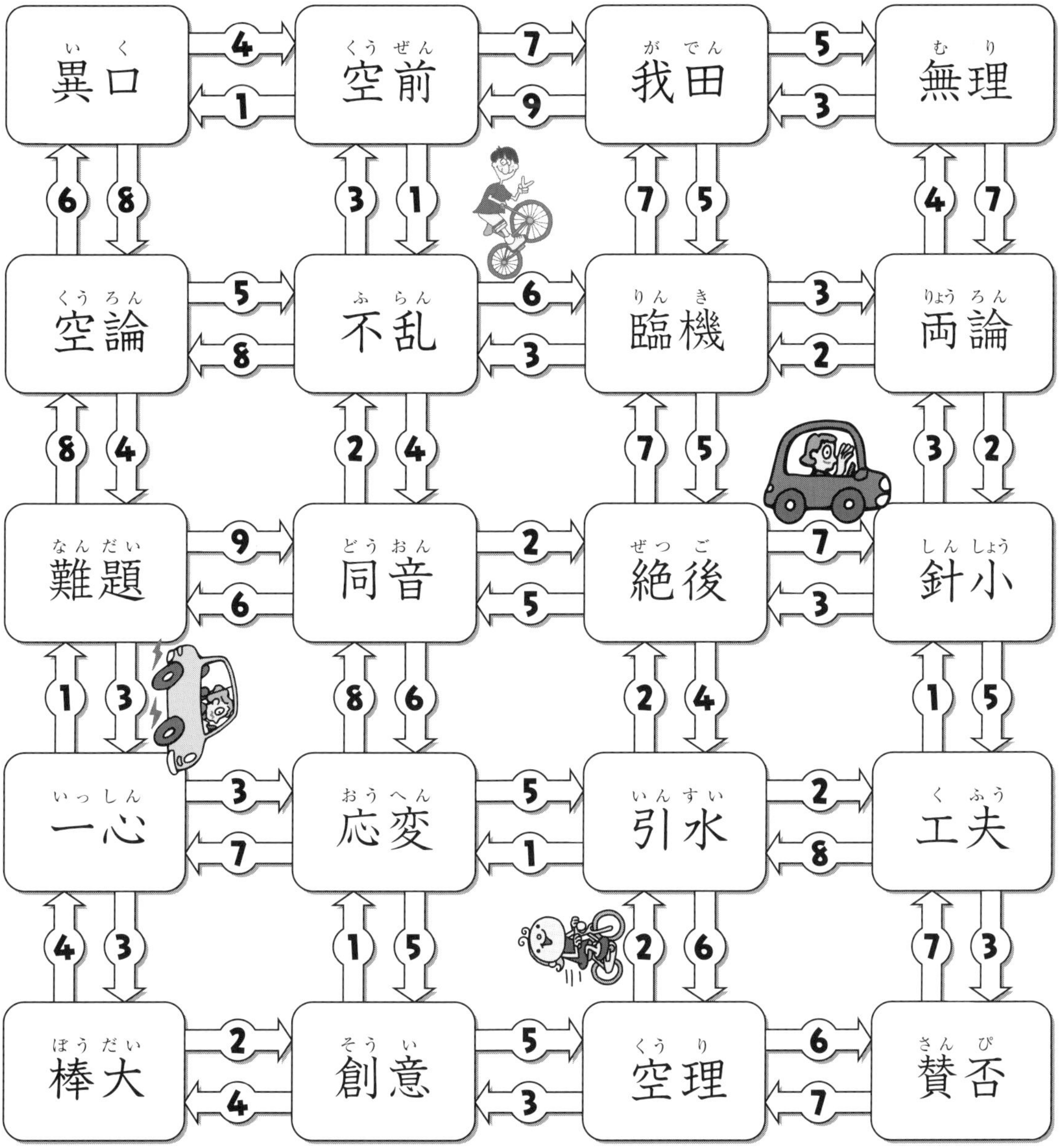

【ここでつかわれている四字熟語《よじじゅくご》】

異口同音《いくどうおん》　空前絶後《くうぜんぜつご》　一心不乱《いっしんふらん》　針小棒大《しんしょうぼうだい》　我田引水《がでんいんすい》

創意工夫《そういくふう》　無理難題《むりなんだい》　賛否両論《さんぴりょうろん》　空理空論《くうりくうろん》　臨機応変《りんきおうへん》

	1回目《かいめ》	2回目《かいめ》	3回目《かいめ》	4回目《かいめ》
さんの得点《とくてん》	点《てん》	点《てん》	点《てん》	点《てん》
さんの得点《とくてん》	点《てん》	点《てん》	点《てん》	点《てん》

勝《か》ったほうに色《いろ》をぬろう!

上級編《じょうきゅうへん》 4 反対語《はんたいご》ペアづくりチャレラン

① 5年生《ねんせい》までにならう漢字《かんじ》

やりかたは 44 ページのチャレランとおなじですが、今度《こんど》は、反対語《はんたいご》（ぎゃくの意味《いみ》をもつことば）のペアがいくつできるかを競《きそ》います。

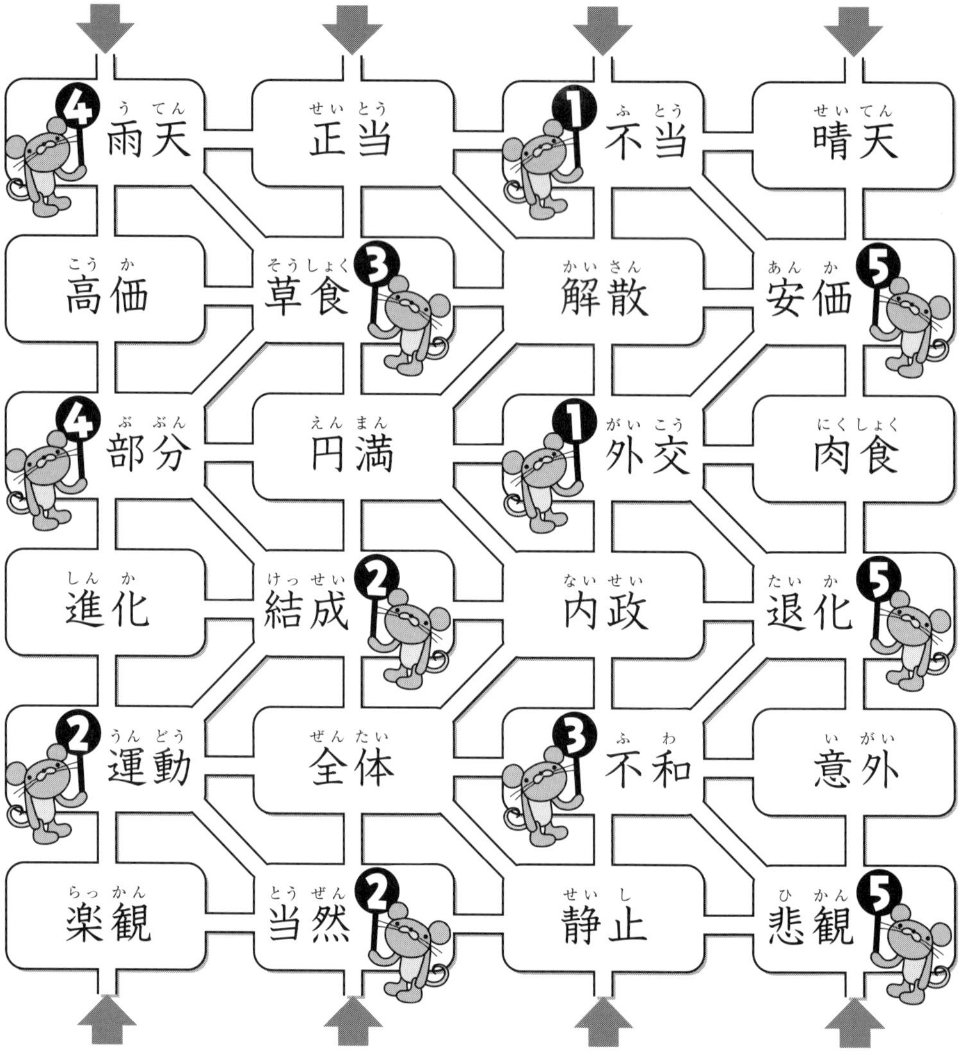

【ここでつかわれている反対語《はんたいご》】

意外《いがい》 — 当然《とうぜん》　静止《せいし》 — 運動《うんどう》　外交《がいこう》 — 内政《ないせい》　晴天《せいてん》 — 雨天《うてん》　正当《せいとう》 — 不当《ふとう》　草食《そうしょく》 — 肉食《にくしょく》

結成《けっせい》 — 解散《かいさん》　高価《こうか》 — 安価《あんか》　全体《ぜんたい》 — 部分《ぶぶん》　円満《えんまん》 — 不和《ふわ》　進化《しんか》 — 退化《たいか》　楽観《らっかん》 — 悲観《ひかん》

	1回目《かいめ》	2回目《かいめ》	3回目《かいめ》	4回目《かいめ》
さんの得点《とくてん》	点《てん》	点《てん》	点《てん》	点《てん》
さんの得点《とくてん》	点《てん》	点《てん》	点《てん》	点《てん》

勝《か》ったほうに色《いろ》をぬろう!

反対語《はんたいご》ペアづくりチャレラン

②6年生《ねんせい》までにならう漢字《かんじ》

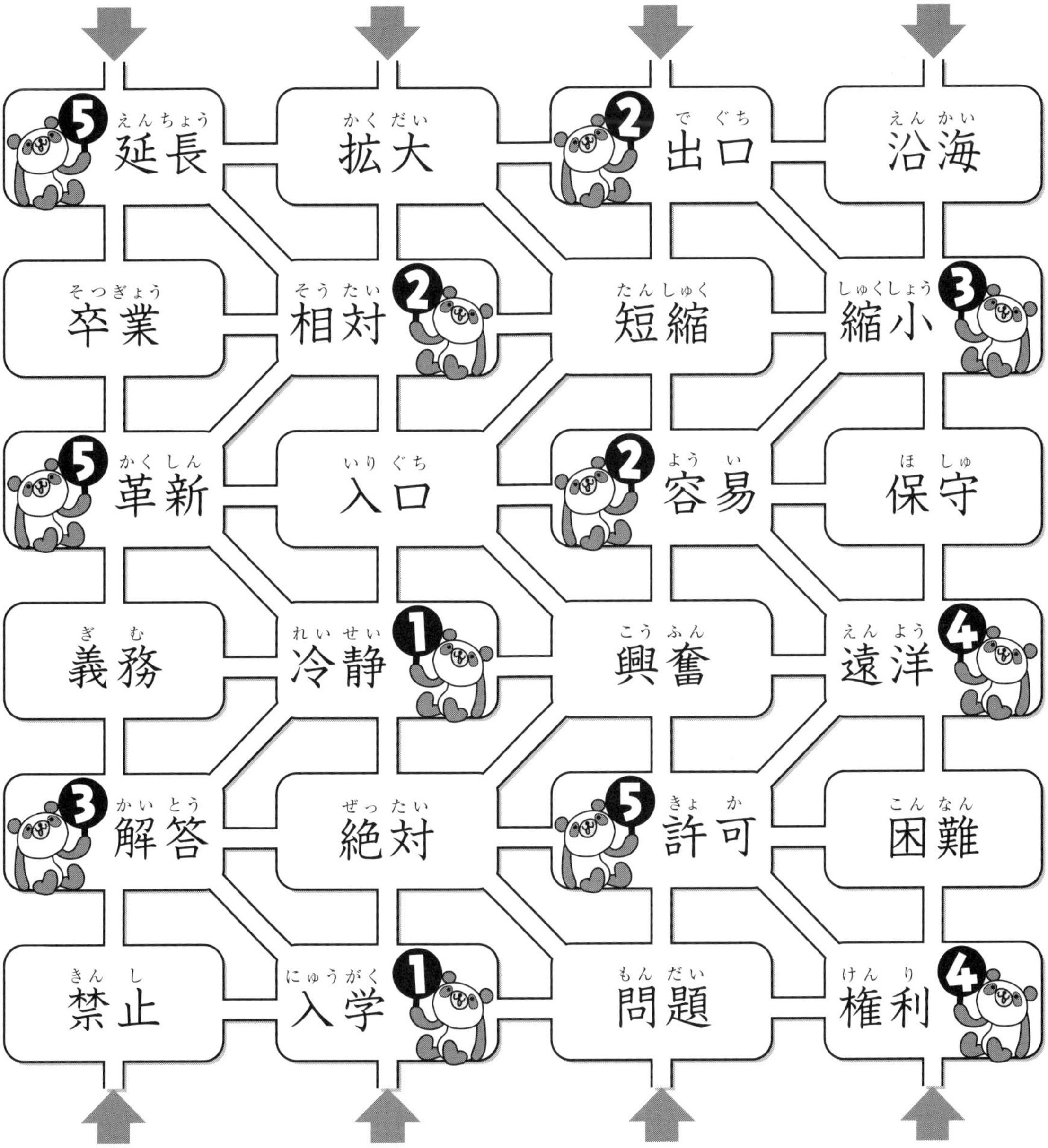

【ここでつかわれている反対語《はんたいご》】

革新《かくしん》—保守《ほしゅ》　容易《ようい》—困難《こんなん》　問題《もんだい》—解答《かいとう》　相対《そうたい》—絶対《ぜったい》　拡大《かくだい》—縮小《しゅくしょう》　延長《えんちょう》—短縮《たんしゅく》

権利《けんり》—義務《ぎむ》　冷静《れいせい》—興奮《こうふん》　遠洋《えんよう》—沿海《えんかい》　入口《いりぐち》—出口《でぐち》　許可《きょか》—禁止《きんし》　入学《にゅうがく》—卒業《そつぎょう》

	1回目《かいめ》	2回目《かいめ》	3回目《かいめ》	4回目《かいめ》
さんの得点《とくてん》	点《てん》	点《てん》	点《てん》	点《てん》
さんの得点《とくてん》	点《てん》	点《てん》	点《てん》	点《てん》

勝《か》ったほうに色《いろ》をぬろう!

部首《ぶしゅ》めいろチャレラン

①木《きへん》→糸《いとへん》→辶《しんにょう》チャレラン　②亻《にんべん》→言《ごんべん》→氵《さんずい》チャレラン　③宀《うかんむり》→⺮《たけかんむり》→艹《くさかんむり》チャレラン

めいろを進《すす》みながら漢字《かんじ》をじゅんばんにえらんでいきます。ひろった漢字《かんじ》の数《かず》が得点《とくてん》になります。部首《ぶしゅ》に注目《ちゅうもく》して、すぐに行《い》きどまりにならないようにかんがえながら進《すす》みましょう。

ゲームのやりかた

1

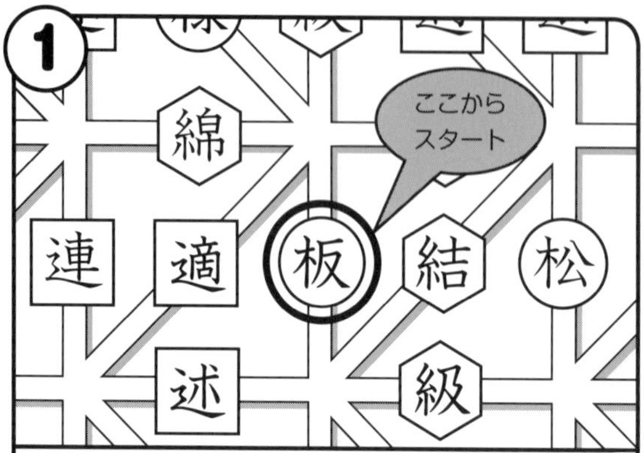

めいろにある漢字《かんじ》のなかから、好《す》きな「きへん（木）」の漢字《かんじ》をえらんで○をつけます。そこがスタート地点《ちてん》です。

＊P64は「にんべん（亻）」、P65は「うかんむり（宀）」。

2

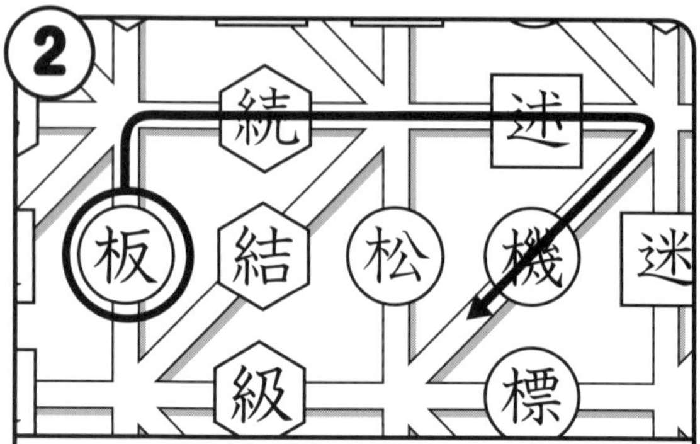

スタートから「いとへん（糸）」の漢字《かんじ》→「しんにょう（辶）」の漢字《かんじ》のじゅんに進《すす》み、「きへん（木）」の漢字《かんじ》にもどります。

＊P64は「ごんべん（言）」→「さんずい（氵）」のじゅん、P65は「たけかんむり（⺮）」→「くさかんむり（艹）」のじゅん。

3

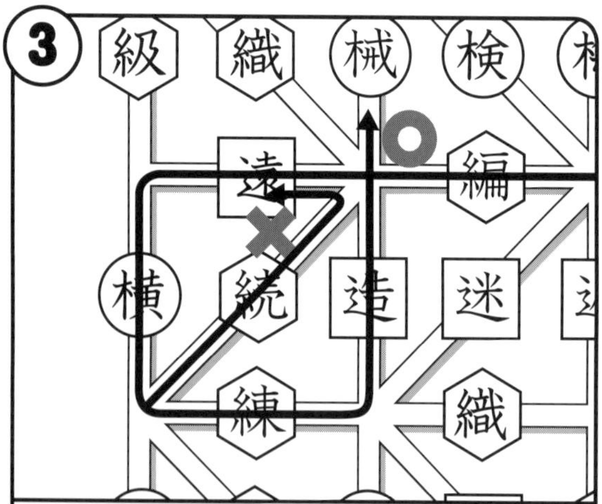

交差点《こうさてん》で交差《こうさ》したり、すれちがったりすることはできますが、一度《いちど》通《とお》った道《みち》をもう一度《いちど》通《とお》ることはできません。

4

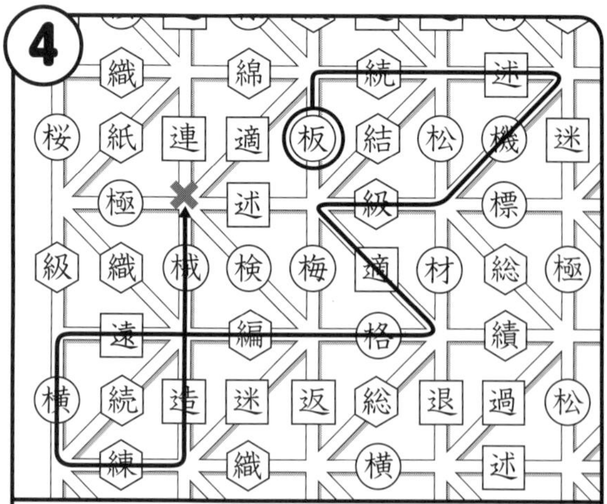

進《すす》めなくなるまでにいくつの漢字《かんじ》がひろえたかを競《きそ》います。ひろった漢字《かんじ》の数《かず》が得点《とくてん》になります。

上級編《じょうきゅうへん》 5

部首《ぶしゅ》めいろチャレラン

① 木《きへん》→糸《いとへん》→辶《しんにょう》 チャレラン

	1回目《かいめ》	2回目《かいめ》	3回目《かいめ》	4回目《かいめ》
さんの得点《とくてん》	点《てん》	点《てん》	点《てん》	点《てん》
さんの得点《とくてん》	点《てん》	点《てん》	点《てん》	点《てん》

勝《か》ったほうに色《いろ》をぬろう!

上級編《じょうきゅうへん》 5

部首《ぶしゅ》めいろチャレラン

②イ《にんべん》→言《ごんべん》→氵《さんずい》チャレラン

	1回目《かいめ》	2回目《かいめ》	3回目《かいめ》	4回目《かいめ》
さんの得点《とくてん》	点《てん》	点《てん》	点《てん》	点《てん》
さんの得点《とくてん》	点《てん》	点《てん》	点《てん》	点《てん》

勝《か》ったほうに色《いろ》をぬろう!

上級編《じょうきゅうへん》 5

部首《ぶしゅ》めいろチャレラン

③ 宀《うかんむり》→⺮《たけかんむり》→艹《くさかんむり》チャレラン

	1回目《かいめ》	2回目《かいめ》	3回目《かいめ》	4回目《かいめ》
さんの得点《とくてん》	点《てん》	点《てん》	点《てん》	点《てん》
さんの得点《とくてん》	点《てん》	点《てん》	点《てん》	点《てん》

勝《か》ったほうに色《いろ》をぬろう!

上級編《じょうきゅうへん》 6

三字熟語《さんじじゅくご》あみだチャレラン

①5年生《ねんせい》までにならう漢字《かんじ》

やりかたは46ページのチャレランといっしょです。高得点《こうとくてん》の三字熟語《さんじじゅくご》をねらってみましょう。

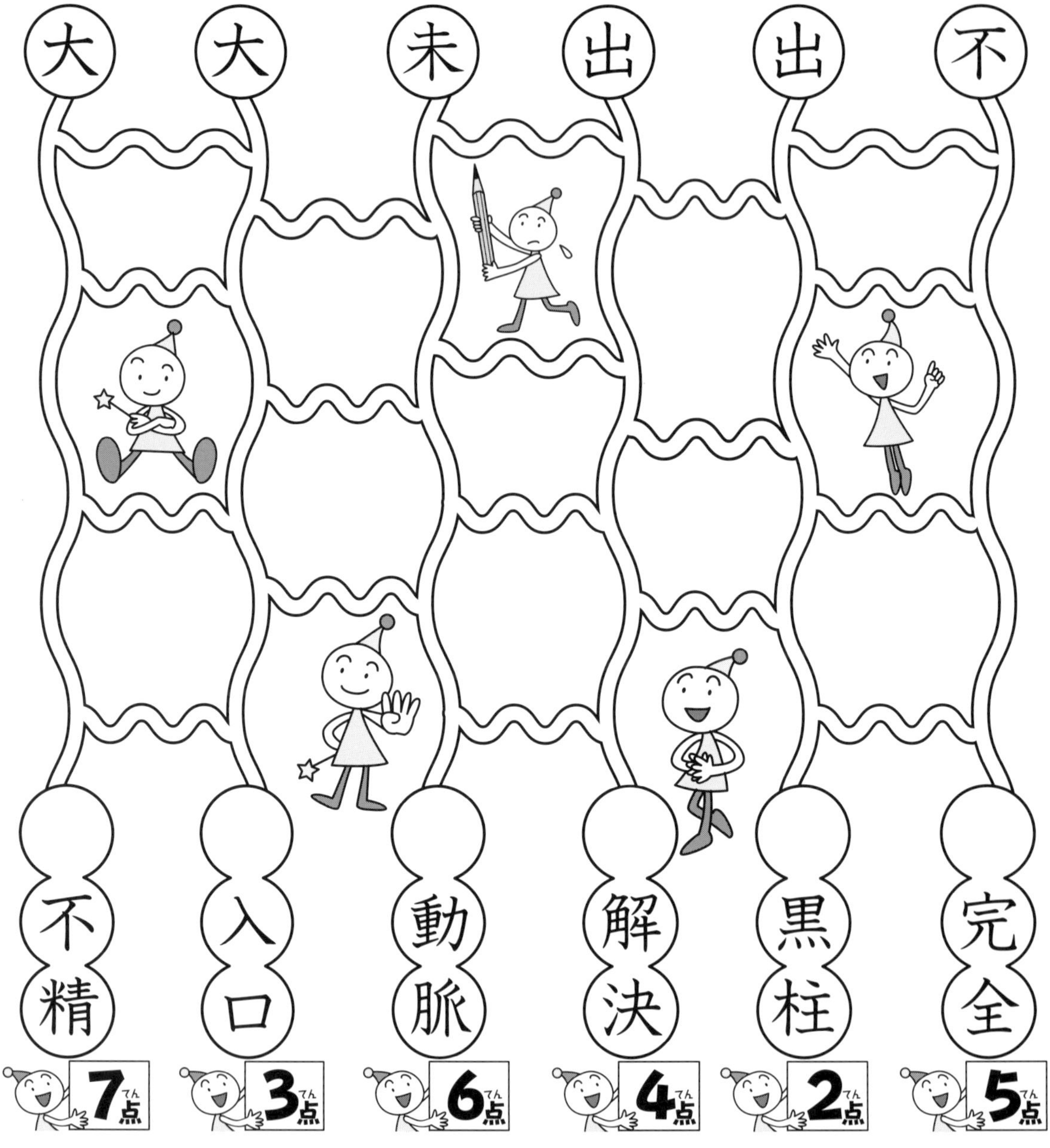

		1回目《かいめ》	2回目《かいめ》	3回目《かいめ》	4回目《かいめ》
	さんの得点《とくてん》	点《てん》	点《てん》	点《てん》	点《てん》
	さんの得点《とくてん》	点《てん》	点《てん》	点《てん》	点《てん》

勝《か》ったほうに色《いろ》をぬろう！

三字熟語《さんじじゅくご》あみだチャレラン

②6年生《ねんせい》までにならう漢字《かんじ》

樹	点	参	絶	食	小

	落	句	衣		
好	葉	読		細	政
調			住	工	権
4点《てん》	2点《てん》	5点《てん》	7点《てん》	3点《てん》	6点《てん》

	1回目《かいめ》	2回目《かいめ》	3回目《かいめ》	4回目《かいめ》
さんの得点《とくてん》	点《てん》	点《てん》	点《てん》	点《てん》
さんの得点《とくてん》	点《てん》	点《てん》	点《てん》	点《てん》

勝《か》ったほうに色《いろ》をぬろう!

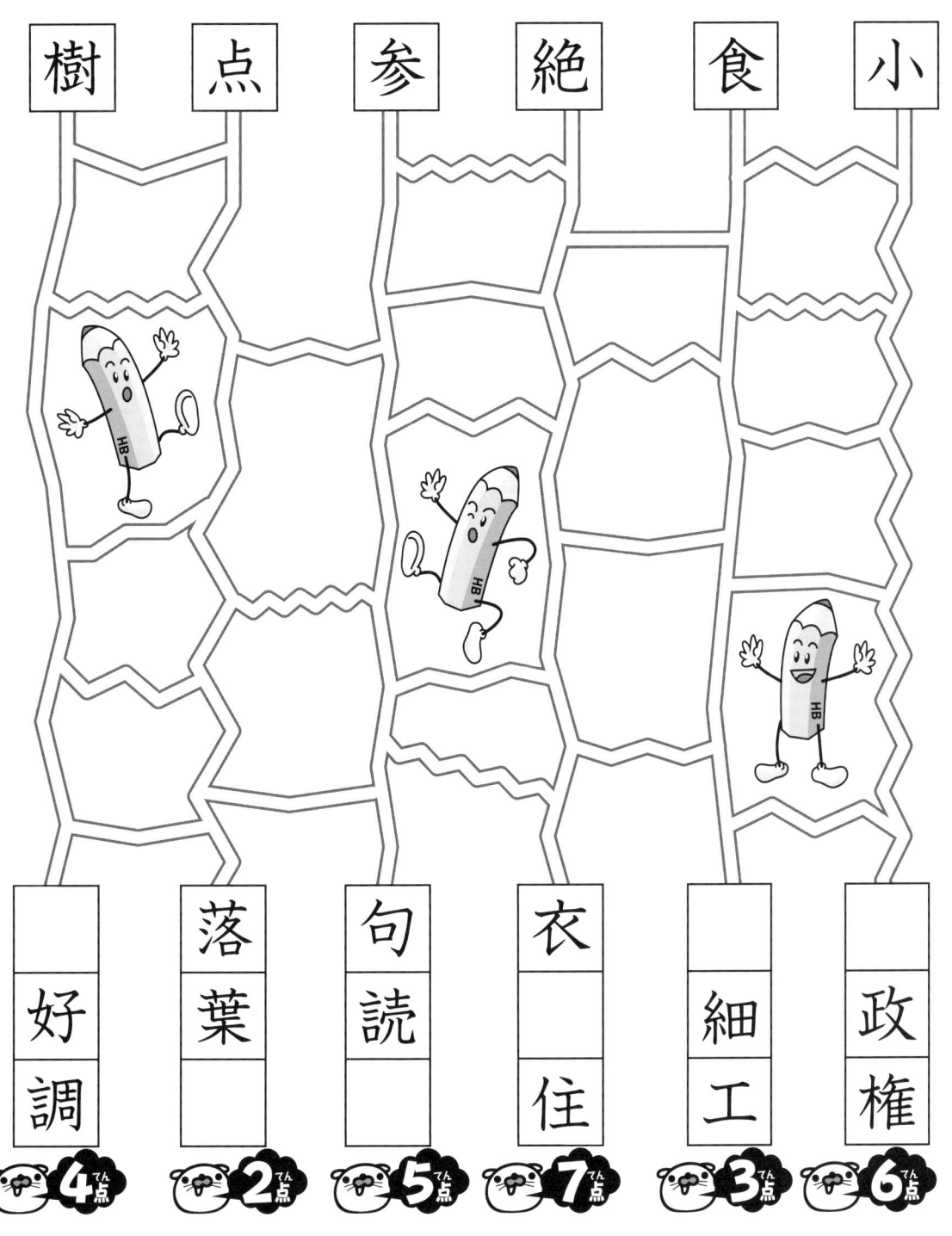

上級編《じょうきゅうへん》 7

熟《じゅく》語《ご》魚《さかな》つりチャレラン

①5年生《ねんせい》までにならう漢字《かんじ》

やりかたは30ページのチャレランといっしょです。1つしかくみあわせがない熟語《じゅくご》からつくっていくと、多《おお》くの魚《さかな》がつれますよ。

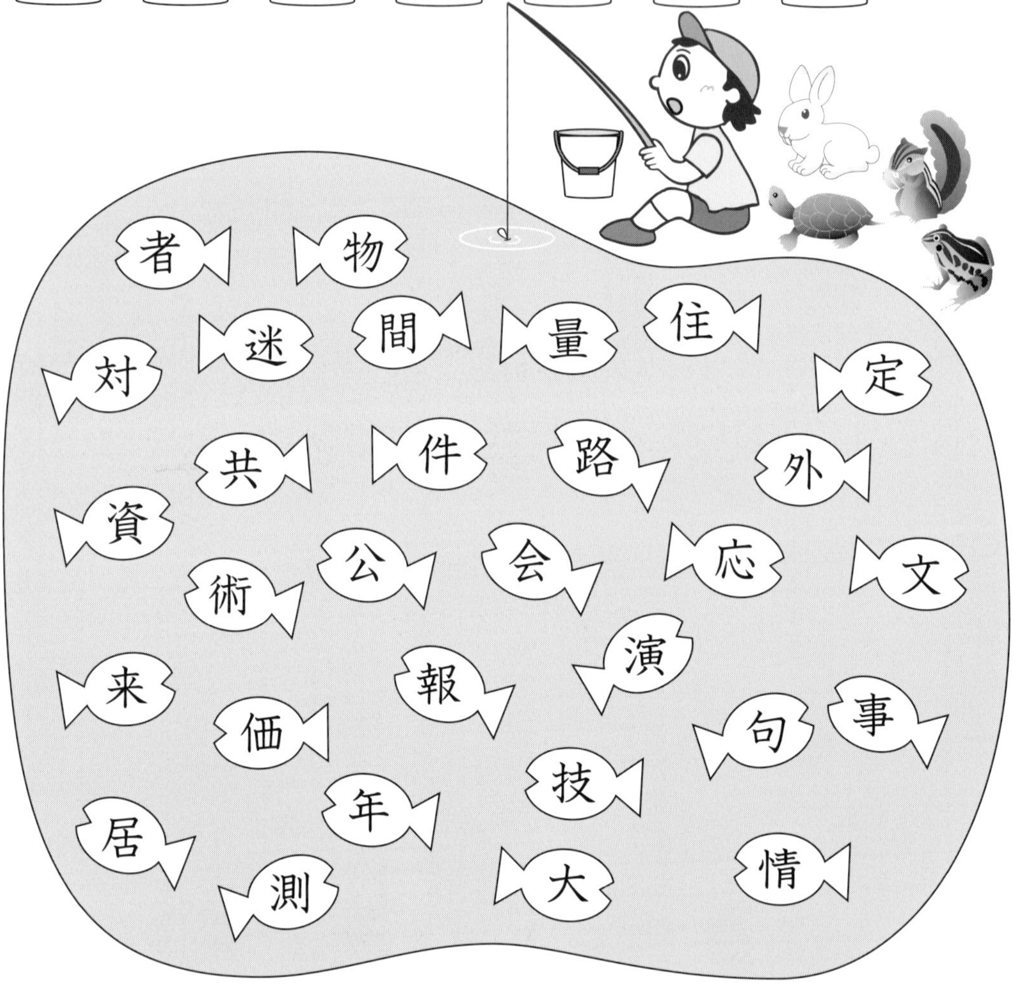

	1回目《かいめ》	2回目《かいめ》	3回目《かいめ》	4回目《かいめ》
さんの得点《とくてん》	点《てん》	点《てん》	点《てん》	点《てん》
さんの得点《とくてん》	点《てん》	点《てん》	点《てん》	点《てん》

勝《か》ったほうに色《いろ》をぬろう!

熟《じゅく》語《ご》魚《さかな》つりチャレラン

②6年生《ねんせい》までにならう漢字《かんじ》

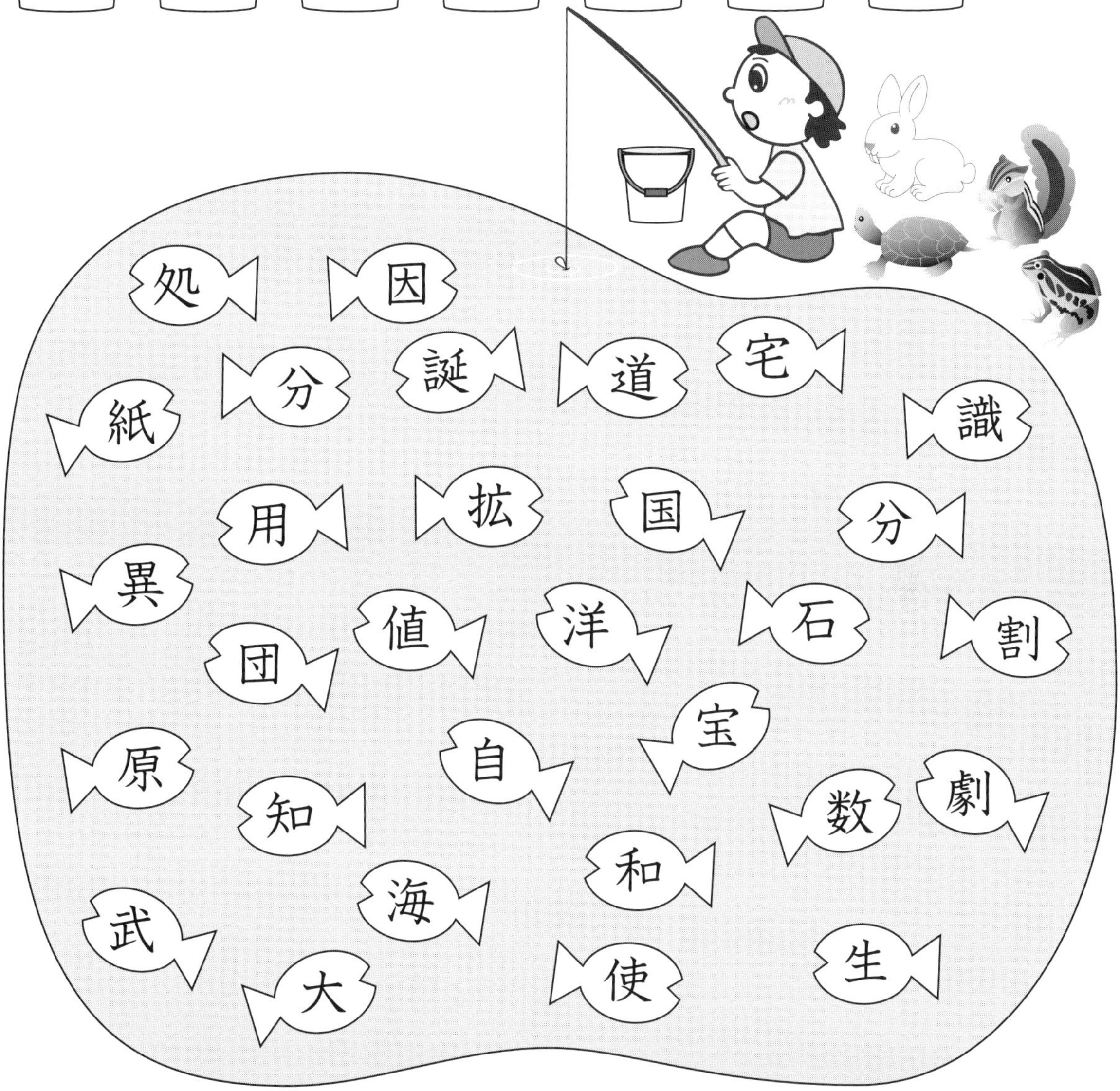

	1回目《かいめ》	2回目《かいめ》	3回目《かいめ》	4回目《かいめ》
さんの得点《とくてん》	点《てん》	点《てん》	点《てん》	点《てん》
さんの得点《とくてん》	点《てん》	点《てん》	点《てん》	点《てん》

勝《か》ったほうに色《いろ》をぬろう!

上級編《じょうきゅうへん》 8

漢字《かんじ》トレインチャレラン

① 5年生《ねんせい》までにならう漢字《かんじ》

やりかたは50ページのチャレランとおなじです。次《つぎ》にくっつける漢字《かんじ》をかんがえながらえらんでみましょう。

店 地 末 報 人 品 工 具 力 退 本 演 出
理 日 書 球 路 道 園 時 名 公 解 始 適 素
性 直 温 絵 体 食 進 月 発 半 要 物 証 題
図 実 和 行 保 正 質 算 年 当 石 事

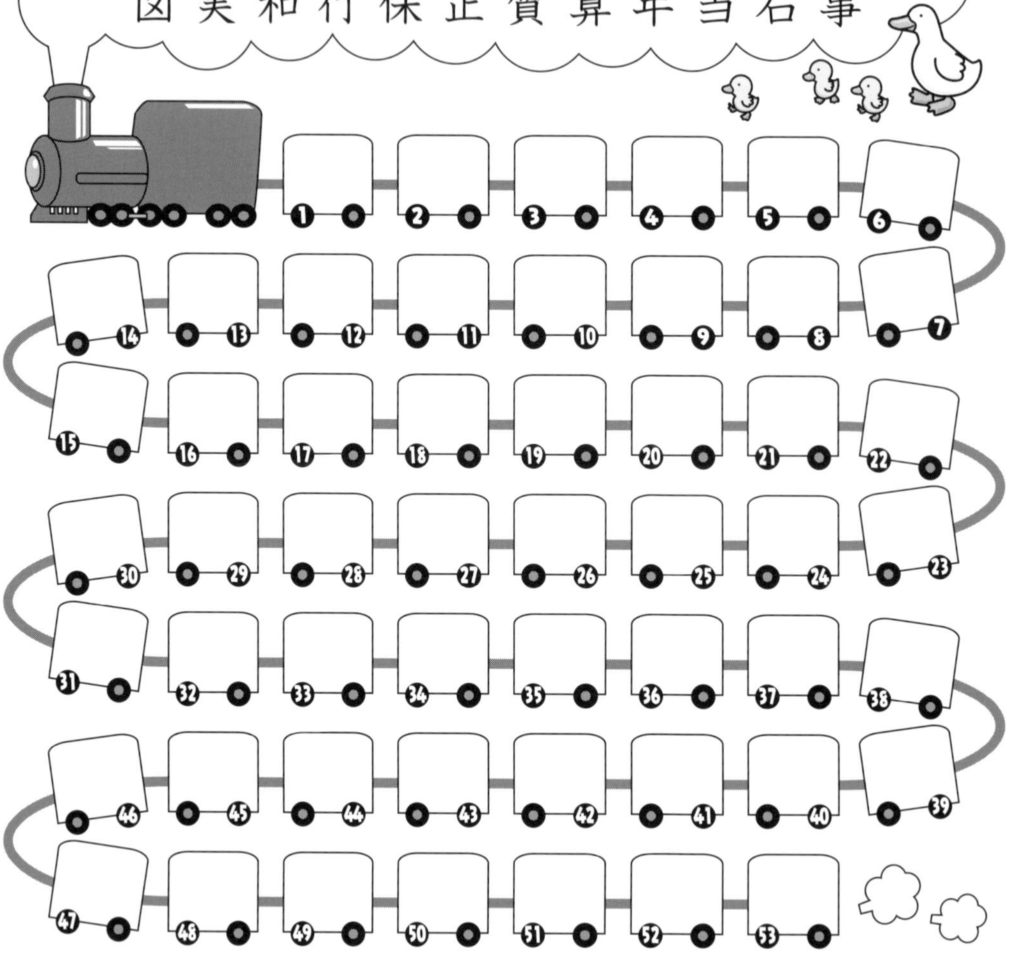

	1回目《かいめ》	2回目《かいめ》	3回目《かいめ》	4回目《かいめ》
さんの得点《とくてん》	点《てん》	点《てん》	点《てん》	点《てん》
さんの得点《とくてん》	点《てん》	点《てん》	点《てん》	点《てん》

勝《か》ったほうに色《いろ》をぬろう!

漢字《かんじ》トレインチャレラン

②6年生《ねんせい》までにならう漢字《かんじ》

数 口 達 名 会 権 終 故 案 明 合 回 実
画 定 私 体 事 郷 計 呼 大 配 食 説 士 始
海 出 外 発 長 記 答 紙 白 学 身 人 点 別
収 面 算 暗 果 転 論 特 利 空 心 成

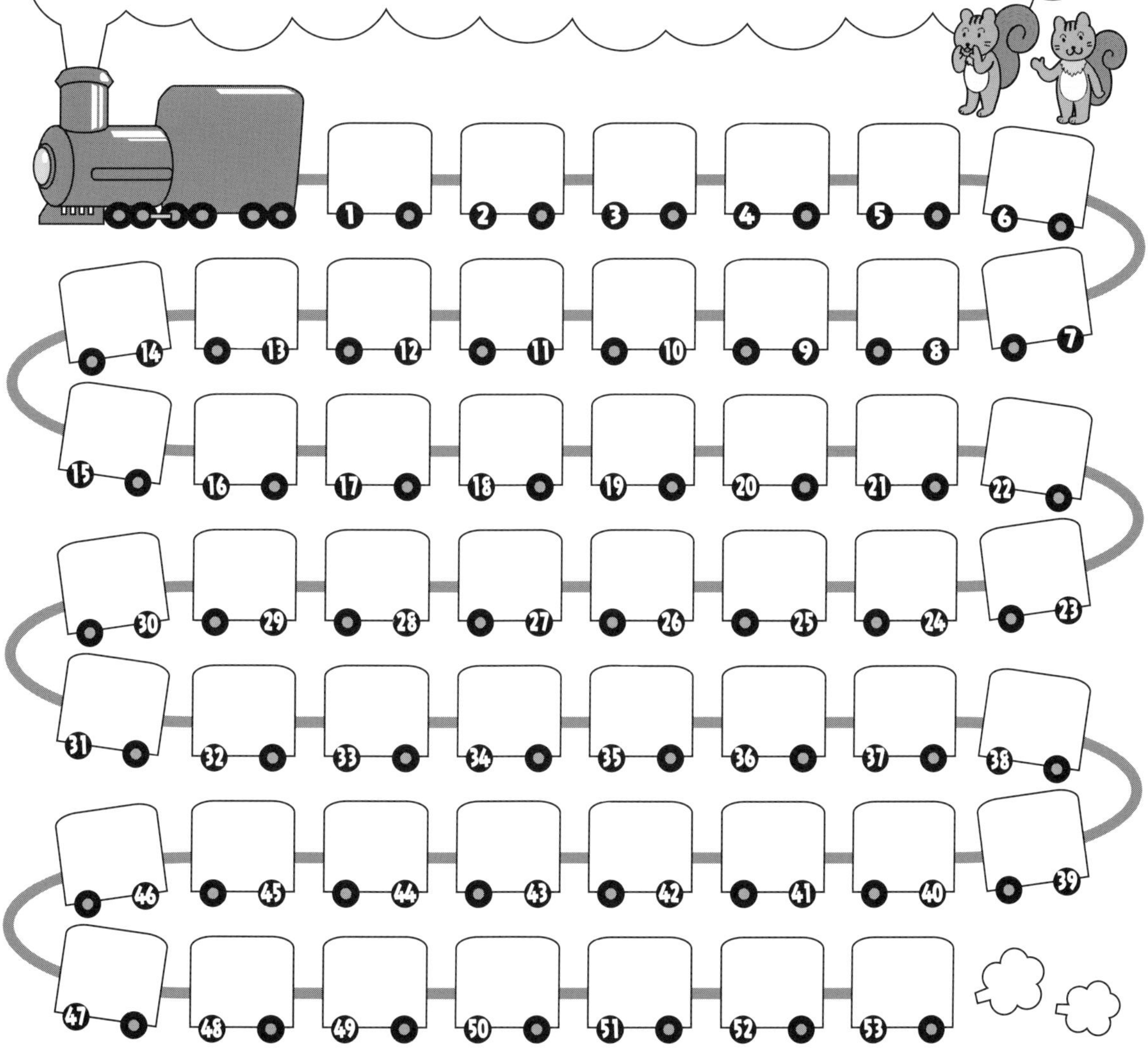

	1回目《かいめ》	2回目《かいめ》	3回目《かいめ》	4回目《かいめ》
さんの得点《とくてん》	点《てん》	点《てん》	点《てん》	点《てん》
さんの得点《とくてん》	点《てん》	点《てん》	点《てん》	点《てん》

勝《か》ったほうに色《いろ》をぬろう!

上級編《じょうきゅうへん》 9

熟語《じゅくご》タイルチャレラン

①5年生《ねんせい》までにならう漢字《かんじ》

やりかたは32ページのチャレランとおなじです。パネルの形《かたち》にも注意《ちゅうい》してやってみるとよいですよ。

快 1	術 1	松 1	講 1	借 1	白 3	再 1	永 3	衛 2	慣 1	古 2	潔 1
興 3	素 3	効 3	率 2	師 2	折 2	属 3	幹 1	確 2	志 2	焼 1	唱 1
臣 2	因 3	成 2	接 3	賞 1	財 1	思 2	求 2	営 3	種 1	査 1	応 2
治 1	笑 2	採 2	統 2	葉 2	脈 2	象 1	積 2	妻 1	毒 2	額 3	児 1
知 3	賛 2	清 2	正 2	損 1	資 1	鉱 2	支 3	基 3	情 2	席 1	厚 3
加 2	失 1	絶 2	酸 3	判 2	信 2	静 2	総 2	性 3	過 2	順 2	混 1
友 2	耕 2	低 1	運 3	桜 1	益 1	点 3	識 3	決 2	合 2	造 1	構 1
可 1	液 1	圧 2	句 1	原 2	本 1	易 1	則 1	増 3	新 3	像 2	河 2

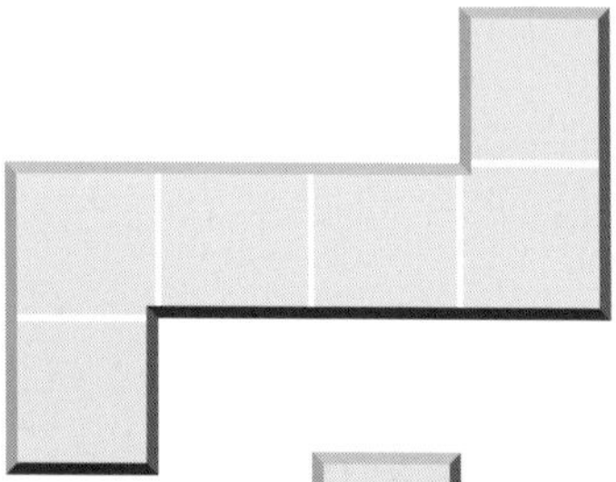
×2

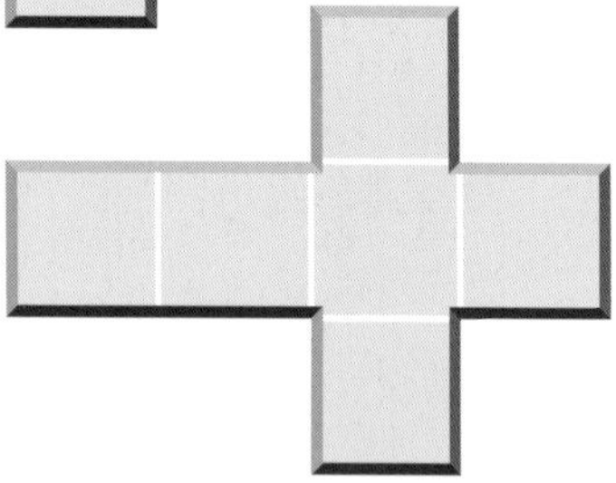
×2

できた熟語《じゅくご》

基本《きほん》の得点《とくてん》 ＋ 熟語《じゅくご》の数《かず》×10 ＝ 得《とく》 点《てん》

	1回目《かいめ》	2回目《かいめ》	3回目《かいめ》	4回目《かいめ》
さんの得点《とくてん》	点《てん》	点《てん》	点《てん》	点《てん》
さんの得点《とくてん》	点《てん》	点《てん》	点《てん》	点《てん》

勝《か》ったほうに色《いろ》をぬろう!

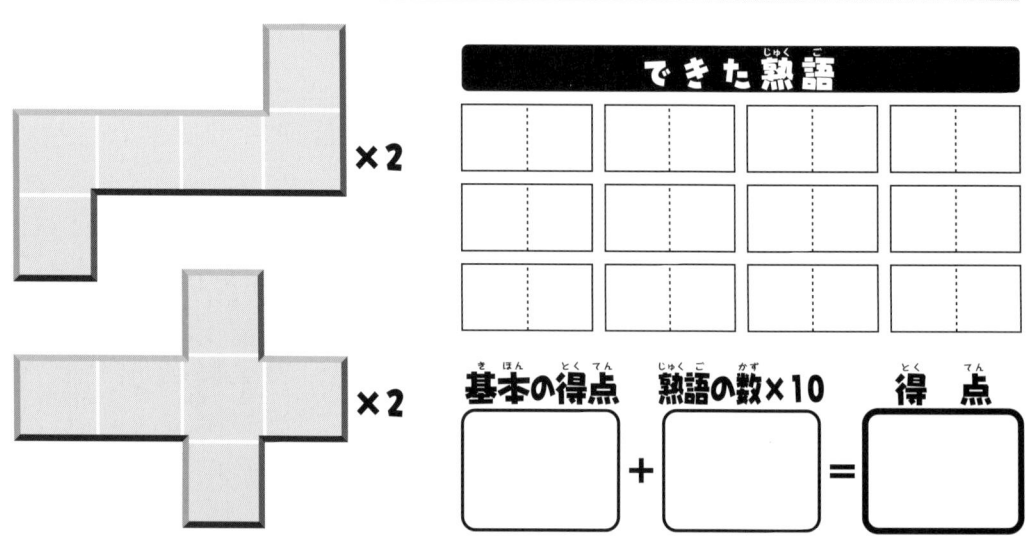

熟語《じゅくご》タイルチャレラン

②6年生《ねんせい》までにならう漢字《かんじ》

諸 1	穀 2	府 3	法 3	故 2	鋼 1	牛 2	経 1	紅 2	寄 3	教 1	遺 1
骨 3	済 1	幕 1	禁 1	暑 1	至 3	誤 2	蔵 3	針 2	延 1	任 2	就 2
勤 1	夏 3	縮 2	圧 1	件 2	族 3	潔 3	蚕 2	険 3	我 3	現 1	策 1
憲 2	層 1	誠 1	潮 2	傷 2	姿 2	明 1	皇 2	治 1	映 2	巻 2	砂 3
閣 3	障 2	机 1	除 2	割 1	職 3	眼 3	若 1	命 1	務 2	政 2	域 2
個 2	聖 2	登 3	刻 3	揮 1	座 2	民 3	在 3	推 2	革 1	専 3	乳 2
城 2	欲 1	窓 1	郷 1	解 2	機 1	危 3	樹 2	均 1	拡 3	貴 3	孝 2
夕 1	許 2	源 3	久 2	大 1	縦 2	秘 1	宗 3	困 2	密 2	激 1	門 1

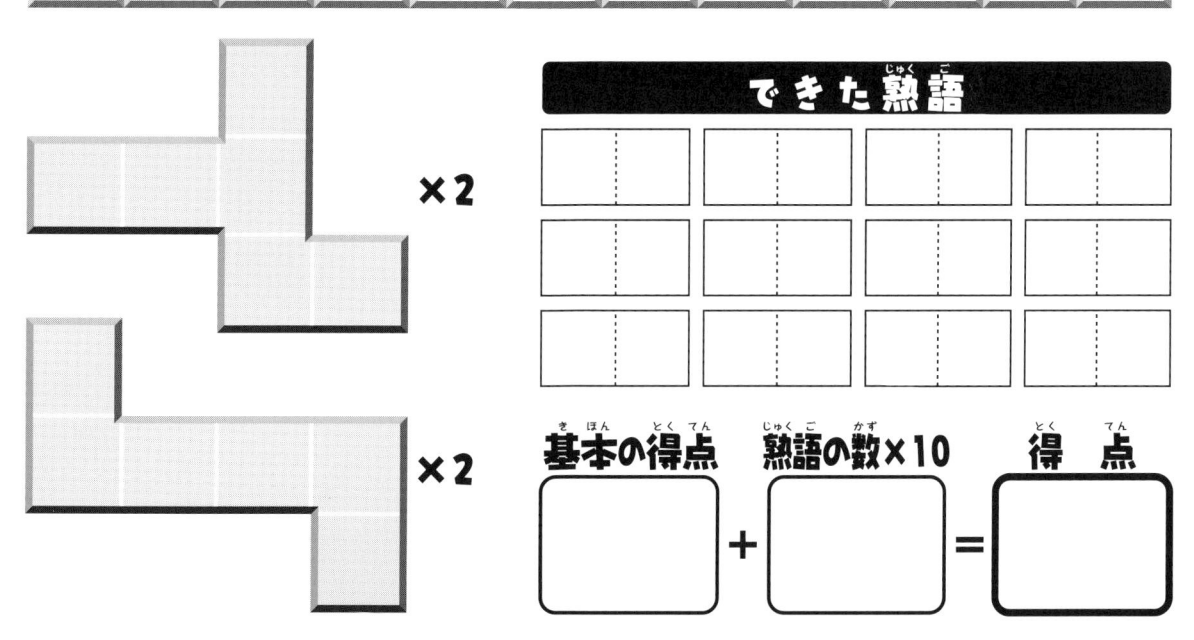

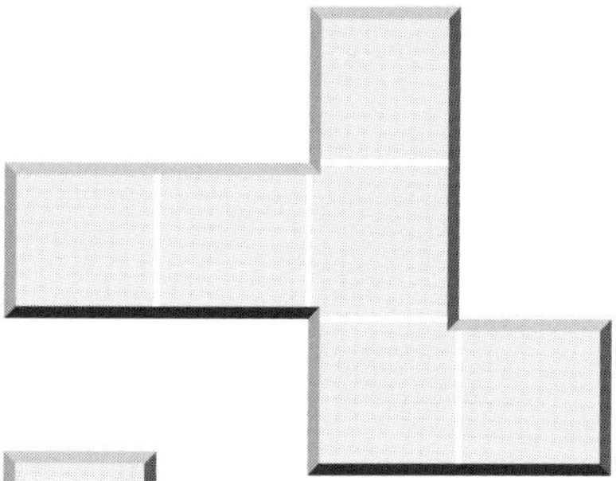
×2

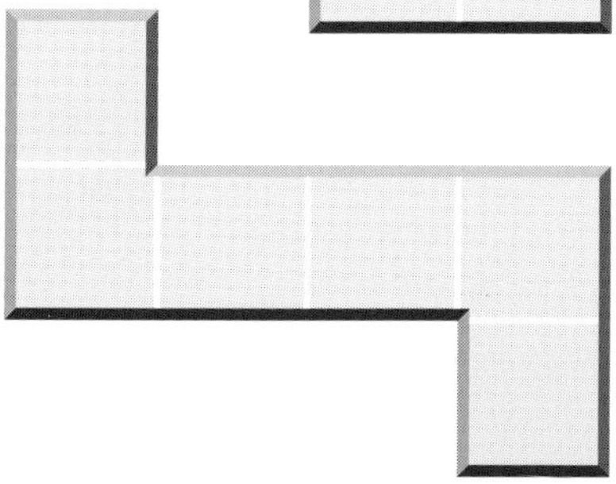
×2

できた熟語《じゅくご》

基本《きほん》の得点《とくてん》 ＋ **熟語《じゅくご》の数《かず》×10** ＝ **得《とく》 点《てん》**

	1回目《かいめ》	2回目《かいめ》	3回目《かいめ》	4回目《かいめ》
さんの得点《とくてん》	点《てん》	点《てん》	点《てん》	点《てん》
さんの得点《とくてん》	点《てん》	点《てん》	点《てん》	点《てん》

勝《か》ったほうに色《いろ》をぬろう!

上級編《じょうきゅうへん》 10

四字熟語《よじじゅくご》あみだチャレラン

①5年生《ねんせい》までにならう漢字《かんじ》

やりかたは52ページのチャレランとおなじです。×はいくつつけてもOK《オーケー》です。四字熟語《よじじゅくご》の意味《いみ》は78～79ページを見《み》てください。

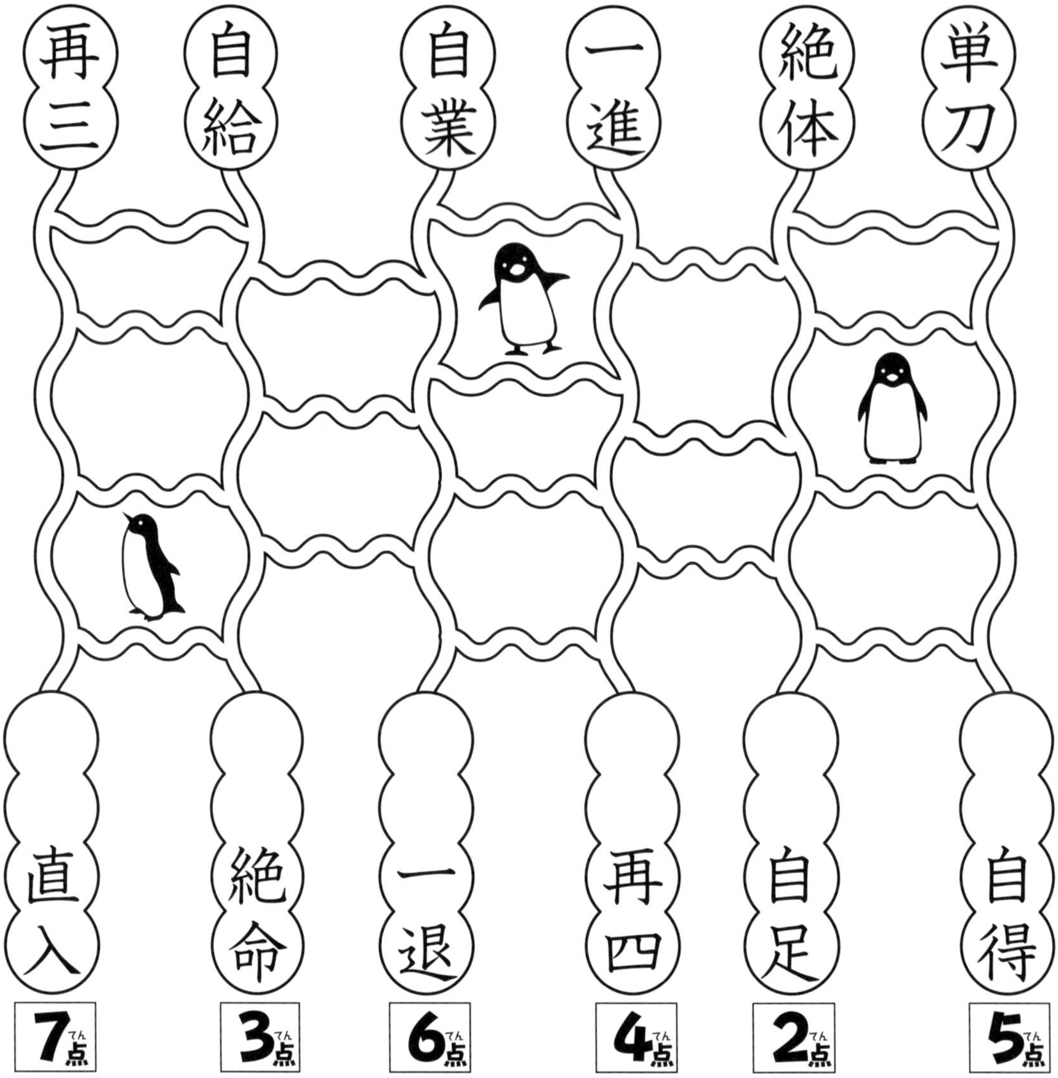

【ここでつかわれている四字熟語《よじじゅくご》】

単刀直入《たんとうちょくにゅう》　自給自足《じきゅうじそく》　絶体絶命《ぜったいぜつめい》　自業自得《じごうじとく》　一進一退《いっしんいったい》　再三再四《さいさんさいし》

	1回目《かいめ》	2回目《かいめ》	3回目《かいめ》	4回目《かいめ》
さんの得点《とくてん》	点《てん》	点《てん》	点《てん》	点《てん》
さんの得点《とくてん》	点《てん》	点《てん》	点《てん》	点《てん》

勝《か》ったほうに色《いろ》をぬろう!

四字熟語《よじじゅくご》あみだチャレラン

②6年生《ねんせい》までにならう漢字《かんじ》

誠心	老若	半信	大同	自画	一世

□□半疑	□□小異	□□自賛	□□一代	□□誠意	□□男女
7点《てん》	3点《てん》	6点《てん》	4点《てん》	2点《てん》	5点《てん》

【ここでつかわれている四字熟語《よじじゅくご》】

一世一代《いっせいいちだい》　自画自賛《じがじさん》　誠心誠意《せいしんせいい》　大同小異《だいどうしょうい》　半信半疑《はんしんはんぎ》　老若男女《ろうにゃくなんにょ》

	1回目《かいめ》	2回目《かいめ》	3回目《かいめ》	4回目《かいめ》
さんの得点《とくてん》	点《てん》	点《てん》	点《てん》	点《てん》
さんの得点《とくてん》	点《てん》	点《てん》	点《てん》	点《てん》

勝《か》ったほうに色《いろ》をぬろう!

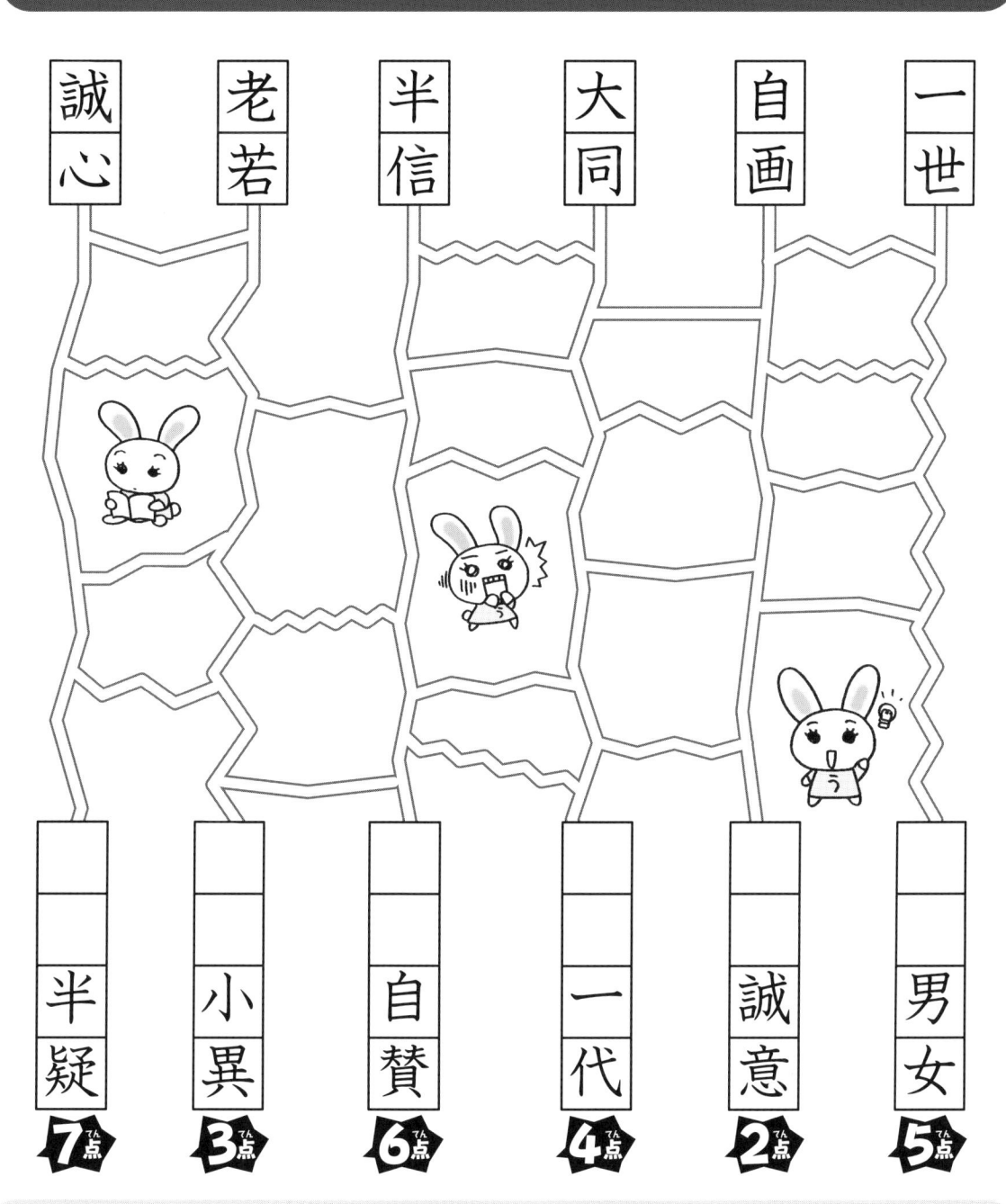

四《よ》字《じ》熟《じゅく》語《ご》タイルチャレラン

32ページとおなじやりかたで、四字熟語《よじじゅくご》をつくります。完成《かんせい》した四字《よじ》熟語《じゅくご》のカードにかかれた数字《すうじ》を合計《ごうけい》したものが得点《とくてん》になります。

	急《きゅう》転《てん》	喜《き》怒《ど》	未《み》聞《もん》 ❺	花《か》鳥《ちょう》	一《いっ》挙《きょ》	起《き》承《しょう》	
直《ちょっ》下《か》 ❷	多《た》種《しゅ》	心《しん》機《き》	質《しつ》疑《ぎ》	奇《き》想《そう》	津《つ》々《つ》 ❻	五《ご》五《ご》 ❽	危《き》機《き》
前《ぜん》代《だい》	東《とう》西《ざい》 ❻	風《ふう》月《げつ》 ❹	日《にっ》進《しん》	意《い》味《み》	始《し》終《じゅう》 ❾	応《おう》答《とう》 ❸	一《いっ》刀《とう》
天《てん》外《がい》 ❻	消《しょう》沈《ちん》 ❺	一《いち》部《ぶ》	興《きょう》味《み》	両《りょう》断《だん》 ❹	一《いっ》転《てん》 ❺	同《どう》体《たい》 ❼	多《た》様《よう》 ❸
月《げっ》歩《ぽ》 ❹	三《さん》三《さん》	両《りょう》得《とく》 ❼	左《さ》往《おう》 ❻	一《いっ》心《しん》	右《う》往《おう》	古《こ》今《こん》	三《さん》文《もん》 ❺
	転《てん》結《けつ》 ❹	深《しん》長《ちょう》 ❺	二《に》束《そく》	哀《あい》楽《らく》 ❹	一《いっ》髪《ぱつ》 ❷	意《い》気《き》	

×4

できた四字熟語《よじじゅくご》

	点《てん》		点《てん》
	点《てん》		点《てん》
	点《てん》		点《てん》
	点《てん》		点《てん》
	点《てん》		点《てん》

【ここでつかわれている四字熟語《よじじゅくご》】

花鳥風月《かちょうふうげつ》　古今東西《ここんとうざい》　興味津々《きょうみしんしん》　急転直下《きゅうてんちょっか》　喜怒哀楽《きどあいらく》　前代未聞《ぜんだいみもん》　一挙両得《いっきょりょうとく》　起承転結《きしょうてんけつ》
多種多様《たしゅたよう》　心機一転《しんきいってん》　質疑応答《しつぎおうとう》　奇想天外《きそうてんがい》　三三五五《さんさんごご》　危機一髪《ききいっぱつ》　日進月歩《にっしんげっぽ》　意味深長《いみしんちょう》
一部始終《いちぶしじゅう》　一刀両断《いっとうりょうだん》　意気消沈《いきしょうちん》　一心同体《いっしんどうたい》　右往左往《うおうさおう》　二束三文《にそくさんもん》

	1回目《かいめ》	2回目《かいめ》	3回目《かいめ》	4回目《かいめ》
さんの得点《とくてん》	点《てん》	点《てん》	点《てん》	点《てん》
さんの得点《とくてん》	点《てん》	点《てん》	点《てん》	点《てん》

勝《か》ったほうに色《いろ》をぬろう!

コラム

四字熟語《よじじゅくご》をおぼえよう！

「四字熟語《よじじゅくご》のチャレランをやっていたら、意味《いみ》も知《し》りたくなった」という人《ひと》のために、この本《ほん》にのっている四字熟語《よじじゅくご》の意味《いみ》をしょうかいするよ。四字熟語《よじじゅくご》はほかにもたくさんあるので、興味《きょうみ》のある人《ひと》は調《しら》べてみてね。

41ページ

一期一会《いちごいちえ》

一生《いっしょう》に１回《かい》かぎりのこと。

一日千秋《いちじつせんしゅう》

１日《にち》が千年《せんねん》のように長《なが》く思《おも》われること。

三寒四温《さんかんしおん》

３日間寒《みっかかんさむ》いと次《つぎ》の４日間《よっかかん》はあたたかいというサイクルをくりかえす、冬《ふゆ》の気候《きこう》をあらわす言葉《ことば》。

弱肉強食《じゃくにくきょうしょく》

弱《よわ》い者《もの》が強《つよ》い者《もの》のえじきになること。

十人十色《じゅうにんといろ》

人《ひと》によって、かんがえや性質《せいしつ》などがちがうこと。

春夏秋冬《しゅんかしゅうとう》

１年《ねん》の４つの季節《きせつ》。

千変万化《せんぺんばんか》

いろいろさまざまにかわること。

東西南北《とうざいなんぼく》

４つの方向《ほうこう》のこと。

百発百中《ひゃっぱつひゃくちゅう》

かんがえたことや答《こた》えなどが、ぜんぶ当《あ》たること。

品行方正《ひんこうほうせい》

心《こころ》やおこないが正《ただ》しく立派《りっぱ》なこと。

52ページ

一石二鳥《いっせきにちょう》

１つの行動《こうどう》で２つの得《とく》をすること。

一朝一夕《いっちょういっせき》

わずかな月日《つきひ》。

海千山千《うみせんやません》

いろいろ経験《けいけん》をつんでいて悪知恵《わるぢえ》がはたらくこと。

九死一生《きゅうしいっしょう》

ほとんどたすかる見《み》こみのない命《いのち》がかろうじてたすかること。

十中八九《じっちゅうはっく》

おおかた。ほとんど。

三日天下《みっかてんか》

国《くに》や組織《そしき》などで、権力《けんりょく》をにぎっている期間《きかん》がとてもみじかいこと。

53ページ

意気投合《いきとうごう》

気持《きも》ちやかんがえがぴったりあうこと。

以心伝心《いしんでんしん》

ことばに出《だ》さなくても、気持《きも》ちが自然《しぜん》に相手《あいて》に伝《つた》わること。

一長一短《いっちょういったん》

いいところもあるがわるいところもあること。

完全無欠《かんぜんむけつ》

すべて完《かん》ぺきで、欠点《けってん》がまったくないこと。

四苦八苦《しくはっく》

たいへん苦《くる》しむこと。また、その苦《くる》しみ。

千差万別《せんさばんべつ》

さまざまにちがいのあること。

58ページ

一陽来復《いちようらいふく》

冬《ふゆ》が去《さ》り春《はる》が来《く》ること。新年《しんねん》が来《く》ること。

言語道断《ごんごどうだん》

あきれて言葉《ことば》も出《で》ないほどひどいこと。

晴耕雨読《せいこううどく》

自由《じゆう》な境遇《きょうぐう》をたのしみながら生活《せいかつ》すること。

■適材適所《てきざいてきしょ》

人《ひと》をその才能《さいのう》や性格《せいかく》に適《てき》した地位《ちい》や任務《にんむ》につけること。

■独立独歩《どくりつどっぽ》

他人《たにん》にたよらず、自分《じぶん》の力《ちから》で信《しん》じる道《みち》を進《すす》んでいくこと。

■馬耳東風《ばじとうふう》

人《ひと》の意見《いけん》や批評《ひひょう》などを聞《き》きながすこと。

■八方美人《はっぽうびじん》

だれからもよく思《おも》われようと、あいそよくふるまう人《ひと》。

■不言実行《ふげんじっこう》

あれこれいわず、やるべきことをだまって実行《じっこう》すること。

■平身低頭《へいしんていとう》

ひれふしておじぎをすること。

■有名無実《ゆうめいむじつ》

名《な》ばかりで実質《じっしつ》がともなわないこと。

59ページ

■異口同音《いくどうおん》

多《おお》くの人《ひと》が、おなじことをいうこと。

■一心不乱《いっしんふらん》

１つのことに心《こころ》が集中《しゅうちゅう》していて、ほかのことで乱《みだ》れないこと。

■我田引水《がでんいんすい》

自分《じぶん》に有利《ゆうり》なように強引《ごういん》にとりはからうこと。

■空前絶後《くうぜんぜつご》

今《いま》までに例《れい》がなく、これからも起《お》こらないだろうと思《おも》われるような、めずらしいこと。

■空理空論《くうりくうろん》

現実《げんじつ》ばなれしていて実際《じっさい》に役《やく》にたたない理論《りろん》。

■賛否両論《さんぴりょうろん》

賛成《さんせい》と反対《はんたい》の２つのかんがえかた。

■針小棒大《しんしょうぼうだい》

小《ちい》さなことをおおげさにいうこと。

■創意工夫《そういくふう》

新《あたら》しいものをつくりだそうと、いろいろうまいやりかたをかんがえること。

■無理難題《むりなんだい》

無茶苦茶《むちゃくちゃ》ないいがかり。

■臨機応変《りんきおうへん》

その場《ば》にのぞんで状況《じょうきょう》を判断《はんだん》し、変化《へんか》に応《おう》じて適切《てきせつ》な手段《しゅだん》をとること。

74ページ

■一進一退《いっしんいったい》

進《すす》んだりもどったりすること。よくなったりわるくなったりすること。

■再三再四《さいさんさいし》

くりかえしくりかえし。なんどもなんども。

■自給自足《じきゅうじそく》

必要《ひつよう》なものを自分《じぶん》でまかない足《た》りるようにすること。

■自業自得《じごうじとく》

自分《じぶん》でしたわるいおこないが報《むく》いとなって、自分《じぶん》にかえってくること。

■絶体絶命《ぜったいぜつめい》

危険《きけん》な場面《ばめん》においつめられて、のがれる方法《ほうほう》がまったくないこと。

■単刀直入《たんとうちょくにゅう》

前《まえ》おきなしでいきなり話《はなし》の要点《ようてん》に入《はい》ること。

75ページ

■一世一代《いっせいいちだい》

一生《いっしょう》のうちで一度《いちど》だけであること。

■自画自賛《じがじさん》

自分《じぶん》で自分《じぶん》をほめること。

誠心誠意《せいしんせいい》

うそいつわりなく、まごころをこめておこなうようす。

大同小異《だいどうしょうい》

全体《ぜんたい》としてほぼおなじで、ちかいがあまりないこと。

半信半疑《はんしんはんぎ》

本当《ほんとう》かどうか、はっきりしないで迷《まよ》うこと。

老若男女《ろうにゃくなんにょ》

老人《ろうじん》も若者《わかもの》も男《おとこ》も女《おんな》も。すべての人《ひと》。

76ページ

意気消沈《いきしょうちん》

意気《いき》ごみがくじけ、すっかり元気《げんき》をなくすこと。

一部始終《いちぶしじゅう》

はじめからおわりまで。

一挙両得《いっきょりょうとく》

１つのことをして同時《どうじ》に２つの利益《りえき》を得《え》ること。

一心同体《いっしんどうたい》

２人《ふたり》以上《いじょう》の人《ひと》の気持《きも》ちが、ぴったりと１つにまとまること。

一刀両断《いっとうりょうだん》

ものごとを思《おも》いきって処理《しょり》すること。ためらわずにきっぱりと決断《けつだん》すること。

意味深長《いみしんちょう》

意味《いみ》が深《ふか》くて、言外《げんがい》にほかの意味《いみ》をふくんでいるさま。

右往左往《うおうさおう》

どうしたらよいかすぐにわからなくて、あちこちに行《い》きかい、あわてること。

花鳥風月《かちょうふうげつ》

自然界《しぜんかい》の美《うつく》しい景色《けしき》やもの。

危機一髪《ききいっぱつ》

非常《ひじょう》にあぶないせとぎわ。

起承転結《きしょうてんけつ》

ものごとや文章《ぶんしょう》のくみたてかたやじゅんばん。

奇想天外《きそうてんがい》

思《おも》いもよらない、かわったこと。

喜怒哀楽《きどあいらく》

人間《にんげん》のさまざまな感情《かんじょう》。

急転直下《きゅうてんちょっか》

行《い》きづまっていた問題《もんだい》や状態《じょうたい》が急《きゅう》にかわって解決《かいけつ》に向《む》かうこと。

興味津々《きょうみしんしん》

次《つぎ》つぎに興味《きょうみ》がわいてきて、つきないさま。

古今東西《ここんとうざい》

むかしから今《いま》まで。いつでもどこでも。

三三五五《さんさんごご》

人《ひと》やものなどが、あちこちにちらばっているようす。ちらほら。

質疑応答《しつぎおうとう》

疑問《ぎもん》の点《てん》を質問《しつもん》し、それに対《たい》して答《こた》えること。

心機一転《しんきいってん》

なにかをきっかけに、気持《きも》ちがよいほうにかわること。

前代未聞《ぜんだいみもん》

これまでに一度《いちど》も聞《き》かなかったこと。

多種多様《たしゅたよう》

いろいろ。さまざま。

二束三文《にそくさんもん》

数多《かずおお》くあっても値段《ねだん》が安《やす》いこと。

日進月歩《にっしんげっぽ》

とどまることなく、どんどん進歩《しんぽ》すること。

●監修／伊藤亮介

1959年生まれ。千葉県八千代市在住。
効果の上がる指導法や指導技術を研究する全国の教師の研究団体ＴＯＳＳ（代表　向山洋一）の中央事務局員を務める傍ら、楽しみながら学べる学習ゲーム教材の開発をおこなっている。その代表作のペーパーチャレランは、文部省後援の全国コンテストに採用されたり、さまざまな教育雑誌に連載され、実施者数はのべ120万人を超えている。

●編／こどもくらぶ

「こどもくらぶ」は、あそび・教育・福祉分野で子どもに関する書籍を企画・編集しているエヌ・アンド・エス企画編集室の愛称。図書館用書籍として、毎年100タイトル以上を企画・編集している。主な作品として、『目で見る算数の図鑑』（東京書籍）、「世界遺産になった和紙」シリーズ全４巻（新日本出版社）などがある。

●デザイン／菊地隆宣　高橋博美

●制作／株式会社エヌ・アンド・エス企画

なんどでもたのしめる！　みんなでたのしめる！　ペーパーゲーム

漢字ペーパーチャレラン厳選・保存版　NDC 798

2015年10月15日　第1版

監　修／伊藤亮介
編　集／こどもくらぶ
発行者／稲葉茂勝
発売所／株式会社 今人舎
〒186-0001 東京都国立市北 1-7-23
TEL 042-575-8888　FAX 042-575-8886
E-mail　nands@imajinsha.co.jp　URL http://www.imajinsha.co.jp
印刷・製本／株式会社 平河工業社